日本司法福祉学会

SHIHO FUKUSHIGAKU KENKYU
JAPANESE JOURNAL OF FORENSIC SOCIAL SERVICES

司法福祉学研究

2021

21

生活書院

専門性と社会的信頼

Professionality and Social trust

佐々木光明*

1　いまを問う

「専門家に意見を聞きながら，判断する」．専門家の発言だが「自主的な研究の成果の発表ということだと思う」．コロナ禍における五輪開催を前にして，いずれも COVID-19 対応の専門家集団への政治のことばである．感染防止対策で専門家の知見をいかす姿勢を示しつつも，政策決定での専門家とのコンセンサスが諮られているようには見えなかった．専門性をめぐる判断についての政治がなすべき説得的説明も聞こえてこなかった（2020.3.18 の独メルケル首相による自身の経験を交えた行動規制への国民への呼びかけは，社会的な共感を呼び話題となった）．

東日本大震災での原子力発電所メルトダウンへの専門家の対応や，原発の再稼働をめぐる専門機関のあり方においてもそれぞれに関心を集め，避難者など市民は不安・疑心の目を向けた．また，検察幹部の役職定年を内閣で判断できる検察庁法改正案へは，市民が強く抵抗した．捜査の専門機関と政府との関係性への危惧が，法案の成立を止めている．日本学術会議が推薦した会員候補者のうち人文・社会科学を専門とする 6 名の任命をせず（2020.10），学問の自由と科学の独立性に関わる問題でありながら，一定の専門家を排除した政府の決定が社会にとってどんな意味を持っているのか説明もしないままである．こう

＊神戸学院大学法学部教授

3

した科学・技術，そして学術体制と政治や社会との関わりは，それらのあり方の基本指針を示した科学技術基本法（1995）をめぐる歴史的な議論展開と密接でもある[1].

　行政の科学・学術への姿勢，そしてその担い手や関わる「専門家」への信頼の揺らぎは，専門性への揺らぎでもあり，それは社会的な「安心」を支えてきた基盤への問い直しでもある．いま，未来社会への見通しとも関わって種々の領域における学術的，技術的専門性と市民社会との関係をあらためて考えておくことが求められている．司法福祉もその例外ではない．犯罪・非行に関わっては一般的に，厳しく罰すべき，できるだけ遠ざけたい，自己責任である等々「わかりやすい」ものだけに，それと関わる担い手の専門性は，その活動を通じてよって立つ法制度への理解の浸透とともにその意義についての社会的コンセンサスの形成（公共圏）が不可欠ではないだろうか.

2　いまを見つめる

　現代の日本社会にあっては，社会全体の合理化，効率化が「豊かさ」，経済「成長」の鍵として追求されてきた．学校や自治会など地域社会が担い，向き合ってきたいのち，学びなど医療，介護，教育等の領域にあっても「市場」原理が持ち込まれてきた．いまや貧困ビジネスといわれるように，生存のセーフティネットでさえも市場の中にある．コロナ禍での保健所の機能不全，医療の逼迫，介護福祉現場の危機的状況は，90 年代からの行政改革・合理化・経費削減のもとで脆弱化した医療・福祉などの社会保障の現在の姿でもあった.

　世界規模でのグローバリズムのうねりの中で，とりわけ 90 年代以降「規制緩和」を基軸にした構造改革と自由競争による利潤の最大化をはかるいわゆる新自由主義の進行は，経済的な成長の一方で雇用の非正規化や生活基盤の不安定化によって，格差と社会的分断を生み，進行させたことは周知の通りである．子どもの幸福感や家族生活の満足度などの社会的指標は下降の一途である.

　司法も例外ではなかった．2000 年の少年法改正を機にほとんどの刑事基本法の大きな改正が行われ，2000 年代は立法，刑事立法ラッシュの時代と称さ

れた．その背景には，日本の豊かさを支える社会基盤整備に不可欠なものは「遵法精神」とされ，ルールを守る規範意識の覚醒が強調された．公益の重視とともに，犯罪や非行への「厳罰化」が自己責任論と並行していくことになる．

畢竟，立ち直り支援と制度への社会的関心は厳しい状況におかれる．「やり直せる」という価値観は，犯罪や非行にとどまらず，先の歴史的展開の中で力を失いがちでもある．また，「支える」という協同的な意識・価値観も同様である．こうしたなか，一方で漠然とした不安のもとで「力（権威，権力的行使）への依存」が増してもきている．従前，個人の中間的な包摂空間として機能していた地域・コミュニティーは，その力を失いかけている．

いまあらためて専門性への問いの実質・意味をさぐりながら，社会との関わりを考えることが必要なときではないだろうか．

3　凝縮された時間の傍らに立つ

いま社会で生起している「事柄・事態」をどう捉えるのか，いま目の前にする人間とその為したることをどう捉えるのか．

それに向き合う者の視線（まなざし），意識，姿勢によりによりさまざまと思われる．一方で，視覚的，直感的には一面的にもなりやすくもある．いわゆる専門家の目線，専門性は，社会にどう受け止められているのだろうか．また，何がいま求められているのだろうか．未来社会の構想にあって必要な問いのように思われる．

空間を切り取り構成する「絵画」からは，時に永遠性や作画の背景としての歴史性を見いだすこともある．絵画の中では空間構成，遠近法等々の技法や色彩を含め，1枚の絵の中で全てが語られる．ある意味，時間性の捨象・凝縮と対なのかもしれない．子どもたちが描いた絵や，非行性や被虐待の経験のある人たちが書いた素描からは，その子，その人の想いや心情が見えるように思う．しかしなお，そこにいたる時間性への関心は，傍らに立つもの次第かもしれない．

他方，劇画，漫画では，画面構成のコマ割りにエネルギーをさくという．迫力を持って迫る危機のシーンなど，どこかで見た記憶もあると思う．コマ割りが時間と密接であるがゆえに，遠近法ではなく，どんな視角でその事態をどう伝えるかに心を砕くのだろう．

時間性や空間，関係性等さまざま考慮に入れながら「事態・事柄をどう捉えるか」ということは，すぐれて作者の想像力や事態をいかに伝えるかとも関わって，重要なことだとわかる[2]．

これは，研究者にとっても，実務家にとってもそのアイデンテティー，専門性にかかわるものではないだろうか．

ひるがえって，非行は社会の中で生起する delinquent「困ったできごと」であり，事柄である．それにどう向き合うのか，少年司法に関わる市民と専門家が向ける「視線」次第で，対応は制度的にも大きく異なることになるだろう．

近年，少年法改正論議にも見られたように，非行問題に関しては，時間性や歴史性，つまりその少年が持っている時間，生育歴といった，その少年がかかえている問題を解くために不可欠なさまざまなことが捨象，軽視されてきているように思われる．行動の態様と結果が強調されがちな近年だが，それに応じて非行問題の捉え方は単純化されがちでもある．本来，その少年に起因している事態の捉え方によって大きく違ってくるものだろう．

少年の権利保障にあっては，成長のプロセスの中で少年自身がどう生きてきたか，どんな状況にあるのか，誰かがきちんと関わりながら対話のなかで見つめる機会をつくり出すことが重要である．

少年の権利の実質は成長発達権とされるが，少年一人ひとりが生きてきたプロセス，さまざまな大人との関わりの中で今があるという点を丁寧に見る必要がある．そうした観点から出発することによって，司法の場でも福祉の場でも医療の場でも，初めて子どもの権利は保障されるのだろう．しかし現実には，「非行」行動として切り取られる少年司法の場では，時間性が，また歴史性が捨象され，一つの事態だけが強調されがちになっている[3]．傍らにたつ者には，権利保障の視線（専門性）が欠かせない．

4 「寄り添う」実践の基層

　いまは泉下にある敬愛する三人の実務家の姿勢と言説から先の問いを考えてみたい．その専門性の基層にあるものは何か．

　伊藤由紀夫元家裁調査官は，「少年には少年から見た世界がある」「どんな子でも本人の目線に立ちなぜ非行をしたのか，背景を徹底してさぐった．少年の被害者性にも目を向け，更生に何が必要かを考え，とことん寄り添った」[4]．刑事裁判と異なるところは，少年についてだけでなく保護者との関係も考慮して処分を検討する，それが少年審判の肝だとする．少年法の職権主義をいい形で活用し少年や保護者と関わり，その中で少年が変わる，保護者が変わるという体験を持てるようにすることが調査官の調査・調査活動の重要事だとする．しかし，2021年の少年法改正について，条文に載った「犯情の軽重を考慮」は少年法の理念を捻り亀裂を入れるもので，「頑張って調査しよう」といった現場をつくるより原則検送相当の実務になりやすい，と強く懸念した．それゆえ「少年法制定時の初心に帰り，いかに子ども・少年が社会問題の影響を受け，健全な育成が困難になっているか，それに対して社会的支援の体制は十分なのかといった『要保護性』調査の視点を再認識，再構築すべきではないかと願っている．」「家裁調査官は視野を広げ，子ども・少年に寄り添った「要保護性」調査を行うことが基本のはずである．」[5]

　ここには，少年法の理念を実践へと展開する理論的確信とともに，徹底して非行少年の目線から立ち直りをさぐることを自らの職責としたことがうかがえる．

　守屋克彦元裁判官は，自らを柔弱で，人と争うことが好きではなかったという．裁判も本質は柔であり，互いの主張を明らかにし事実を解明し・認定し，法の論理にしたがって裁判官が判断を下すことが予定されているとし，裁判官は魅力的な仕事にみえたと．「しかし柔弱であるとしても，裁判官の職責を果たすために日本国憲法の下で裁判官として判断するための視点−座標軸が必要だった．」それは，戦争の記憶だという．命をいつ失っても不思議ではない歴史に巻き込まれた教訓を無駄にしないように，「法律を学んだ人間はどう生き

ればいいのか．そう考えたとき，荒廃の跡に平和主義と民主主義を宣言した日本国憲法が基本的人権に対する憲法上の保障を手厚くするとともに，司法権を独立させ，裁判官に違憲立法審査権を与えたのです．しかも……国民は国と対等の場において憲法上の権利を主張する場を保障されることに」なったとし，そうした場の「国民のための裁判官，護民官」ということばに惹かれたという．

裁判官時代に，「少年法の『健全育成を期す』という教育主義を，日本国憲法下に制定された教育基本法や児童福祉法などとの関連でどのように考えるか，またその教育内容についても，国家の要請する臣民に育成するという「教化」目的は否定されるべきとしても，非行を犯した少年に対する強制力をともなう教育目的をどのように設定するかということを整理し」，『少年の非行と教育』（勁草書房 1977）を公刊している．その著書について，当時の著名な家裁調査官が，一般の教育と健全育成を共通の場で論じうることを少年保護思想の歴史分析から明らかにしたもので，その主要な担い手は家裁調査官であり，それを十分に果たし得るか否かに，家庭裁判所の専門性と少年法の教育的機能の死命がかかっているのだ，とするどくその書の趣旨を受け止めている[6]．

ここには，裁判官としてまた研究者，弁護人・付添人として，自らが生きた歴史のなかから憲法の理念を仕事と生き方の座標軸にし，少年法における教育の持つ意味を，裁判，審判のもとで示してきたことがうかがえる．憲法の理念の具体化としての裁判であり，少年手続きであることを教えてくれる．司法は非権力的で公正でなければならない．

津田玄児弁護士（子どもの人権弁護団長）の子どもの権利に関わる仕事の原点には，戦争疎開での母子家庭での生活苦等や大学卒業後の二年間，書記官としての家裁勤務や最高裁での経験があるという．弁護士として歩みはじめたとき，60 年前後の国民運動の高揚とあいまって人権への旺盛な使命感があった．70 年代からの少年法改正に関する法制審議会に日本弁護士連合会幹事として，その議論の下支えをしている．日弁連の姿勢の基礎は，少年法の理念をいっそういかすことだった．

子どもの権利条約の批准・承認を前にしつつ，政府には子どもの権利を確立・前進させる姿勢も十分ではないと批判している．「90 年の世界子どもサミット

の宣言で示された子どもの権利保障に関して，当面の優先課題との認識もない」．「君が代」「日の丸」を拒否すればペナルティを受ける現実と条約にいう「意見表明権」を認めるならば子どものいいなりになりかねないとの指摘を紹介しつつ，人権とは何かとの認識を疑わせる実情にいまだあるとする．そして子どもの権利への理解の拡大のために，実務を含めて多様な取り組みの必要性を説いている．「すべての人が各自の周辺から問題を掘り起こし，提起をするというには未だしである．」[7]

　ここには，子どもが置かれた現実を直視しその社会的課題について，徹底して子どもの権利条約と日常を結節する姿勢がうかがえる（現在は批准から27年）．そこには「子どもの権利条約」をいかに生かすことができるかについて，揺るがない不断のまなざしがある．

　三者に共通するものは，憲法への信頼とそれを職のなかで生かそうとする姿勢であり，子ども，少年に寄り添うその仕事を通じて司法のあり方を不断に問うてきたことである．法の理念の実践であり，適正手続保障であり，そして権利保障の実践でもある．自らの生きた時代のなかで自らの職責の基礎をそれぞれに持ち，実務家としての専門性を通じて，信頼できる社会，司法であろうとしてきたように思う．

5　専門性と市民的公共

　20世紀後半のグローバル化のもとで市民の自助（自己責任）と同意（自己決定）による「豊かさ（成長戦略）」への社会的再編統合が進んだ．社会的人間的諸関係が分断され「孤人化」，「孤立化」が進む現代にあって，専門家・専門性は，人間性を確認し合ういわば人権保障の機会（再確認）をつくることこそ重要な役割ではないだろうか．いまコロナ禍にあって，いっそうその要請，必要性は高まっている．

　「市民社会」は，あるべき規範的なものでも理想的なものでもなく，歴史制約的なさまざまな矛盾を抱えた生活の空間そのものであり，現下の法制度の下で一人ひとりが繋がり，係り合いながら問題を共有し解決への道を共同し探る

理論的，実践的な試みである．

　グローバリゼーションのもとで国民国家的規制が後退し，一方で軍事と治安が国家の前面に出てくるなかで，生存と自由，人権の尊重を確保することが市民論の軸としても重要である．このとき司法や福祉の専門家は，生起する課題への接近・解決の端緒のための市民的協同を媒介するものとして，重要な意義をもつことになる．

　プロフェッション「profession」は，「職業」「専門職」と説明され，医師や弁護士のような「資格」と密接である．英米においては，司法に関わる専門家は資格・職業とつなげて思考される．なお，一方で，profession の語義でもあるラテン語の「professio」は，「pro- ～の前で，fess- 述べる，公言する」「神の前での信仰告白」であり，そこから転じた職業についても，聖職を指していた．それは人間に欠くことのできない法学，神学，医学の総体とされていたことから，それらの基本的思考が市民生活や公共と密接に関わっていたことがわかる．「専門（性)」への思考は，職業としてだけでなく公共空間の形成と密接なのである[8]．

　専門性は，社会に開かれたものである．人間を値踏みし，「力（権威，威嚇)」への依存を進めがちな安心・安全の呪縛を解き，信頼にもとづく社会的な関係づくりが求められている．実務家と理論（研究者）との協同は言うにおよばず，多様な人と組織，市民社会と専門家・専門性との協同は，かけがえのないひとりの人間としての尊厳と人間性の回復をさぐる新たな市民的公共性を生み出す契機になるのではないだろうか．専門性への社会的信頼は，そうした活動のなかで育まれていくものだろう．

［注］
1）広渡清吾「科学者コミュニティーと科学的助言——日本学術会議をめぐって」世界　2021.2 月号，76 頁以下
2）拙稿「守屋少年法——時間制（物語）と関係への注目」『守屋克彦先生がめざしてきたもの』ERCJ 第 7 回講演会記録 2020.12，4 頁
3）前掲 ERCJ 講演会記録，5 頁以下

4） 朝日新聞 2021.9.11 朝刊「惜別　伊藤由紀夫さん」

5） 片山ほか『18・19歳非行少年は，厳罰化で立ち直れるか』現代人文社 2021，巻頭座談会等

6） 守屋克彦『守柔——現代の護民官を志して』日本評論社 2017，はしがき等

7） 津田玄児編著『子どもの人権新時代』日本評論社 1993

8） 拙稿「おわりに——刑事法における専門性と市民的共同」内田・佐々木『市民と刑事法』日本評論社 2016，256 頁以下

目　次

自由研究
（論文）

DV 被害者による市設置の配偶者暴力相談支援センターの利用経験

——加害者と別居した当初の時期に焦点づけて

Experiences of Victims of Domestic Violence with a Municipal Spousal Violence Counseling and Support Center: Focus on the First Stage of Marital Separation

岩本華子 *

1 研究背景及び目的

　配偶者等パートナーからの暴力（以下，DV）被害は，生命及び人権にかかわる重要な問題である．2020 年度の全国配偶者暴力相談支援センターにおける DV 相談件数は 119,276 件で過去最多を更新しており，2014 年度から 10 万件を超える値で推移している[1]．2020 年の警察における配偶者からの暴力事案等の相談件数は 82,643 件であり，こちらも過去最多を更新している[2]．このような件数の増加は，DV 防止に向けた活動の重要性に加え，DV 被害者支援体制のさらなる構築ならびに支援の質の底上げの必要性を示している．

　わが国の DV 被害者支援については 2001 年施行の「配偶者からの暴力の防止及び被害者の保護等に関する法律」（以下，DV 防止法）がある．DV 防止法では支援機関として第 3 条に配偶者暴力相談支援センター（以下，DV センター）を規定しており，都道府県は婦人相談所その他の適切な施設で DV センター機能を果たすこと，市町村は市町村の適切な施設においてその機能を果たすよう努めることが明記されている．DV 防止法第 3 条 3 項では DV センターの業務について以下の 6 点を明記している．①被害者への相談対応や相談機関紹

* 奈良教育大学教育学部特任講師

介，②被害者の心身の健康回復支援，③被害者（同伴家族も含む）の緊急時の安全確保や一時保護，④被害者の自立生活に必要な制度利用等に関する情報提供，助言，関係機関調整等，⑤保護命令に関する情報提供，助言，関係機関連絡等，⑥被害者の保護施設利用に関する情報提供，助言，関係機関調整等．このように DV センターは，加害者と同居中の暴力のある生活状況から，緊急時の安全確保，離別後の回復や自立した生活に向けた支援といった幅広い支援が期待された DV 被害者支援の専門機関であり，2021 年 2 月現在で全国に 296 か所，うち設置主体が市町村では 123 か所が設置されている．

　ただ市町村の DV センター設置は DV 防止法上の規定ではあくまでも努力義務である[3]．2013 年に告示された内閣府・国家公安委員会・法務省・厚生労働省による「配偶者からの暴力の防止及び被害者の保護等のための施策に関する基本的な方針」[4]では「地域に根ざしたきめ細かな支援のためには，都道府県のみならず，最も身近な行政主体である市町村の役割も大変重要である」（4頁）と明記された．都道府県単位での支援の向上はもちろんのこと，住民にとってより身近な基礎自治体である市町村での支援がさらに広まることが必要である．市町村での DV 被害者支援については，より身近な市町村レベルで支援体制が整うことにより援助が求めやすくなり負担も少なくなるというメリット（松田 2010: 94）や，専門職員が市町村に配置されスムーズな支援が行われる必要性（増井 2019: 232）がすでに指摘されている．市町村での DV 被害者支援を充実させていく土台として，市設置の DV センターという専門機関での支援内容の検討は喫緊の課題であるといえる．

　DV センターにおける支援に関する先行研究をみると，業務内容の説明や紹介をしているもの（米田 2009，樋口 2017）や，DV センター配置の婦人相談員による業務内容や相談者への関わり方を紹介しているもの（原田 2013）がある．原田は，DV センターの婦人相談員の業務内容について「電話相談や面接相談，保護命令申立支援や一時保護中のケースワークなどを行う」（原田 2013: 83）とまとめた上で，相談者の主訴に応じた関わりについて具体的に挙げており，DV 被害者が「すでに家を出て，離婚など生活上の困難を抱えている場合」は，離婚手続きを進める時期の助言や，裁判所への付き添いや弁護士との関係調整，保護命令の申し立て，就労などの生活再建に向けた援助など，支援

の一端を紹介している（原田 2013: 87-91）．このように DV センターでの支援については，主に実践する側からの整理や紹介がされている．しかし支援の質向上のためには支援を受けたことにどのような意味があったのか，また支援者が果たした役割等，利用者の立場や経験を基にした検討が必要であろう．

DV 被害者は相手との暴力のある生活から，離別のための行動，その後も含めて様々な状況におかれるが，本研究では加害者と別居した当初の時期に焦点を当てる．この時期は「被害者にとってまだまだ仮暮らしのような状態であり，支配の呪縛も効いている」（増井 2019: 221）状態で，生活の構築や加害者との関係の整理を支援すること，安全の保持や心理的な支え（増井 2019: 227）という，多様かつ重層的な支援が必要とされる時期である．

以上から本研究の目的は，DV 被害者が加害者と別居した当初の時期に焦点づけ，被害者が市設置の DV センターを利用した経験及びそこで得られた経験から，被害者にとっての市設置 DV センターの支援の意味及び役割を明らかにすることである．

2 研究方法

本研究では，A 市が設置している DV センター利用経験者へインタビュー調査を実施した．A 市は政令指定都市であり，各区役所に婦人相談員が配置され，DV センターと連携し支援を行う体制にある．A 市 DV センターでは，相談対応（電話・面接）や保護命令申立支援，証明書発行，同行支援のほか，カウンセリングや支援開始後必要に応じて電話にて近況確認を行っているところに特徴がある．

（1）調査協力者
A 市から A 市 DV センターの利用歴がある方で調査協力に同意を得られた 30 名の紹介を得た．調査協力者は全員女性で，調査時点で加害者と別居している．概要を表 1 に示す．

表1　調査協力者概要

年齢（調査時点）	20代2名、30代3名、40代16名、50代7名、60代以上2名
子どもがいるもの	27名（平均2.1人）
相手との関係	離婚成立13名、離婚手続き中7名、別居中8名、同居解消中2名
DV 被害内容	身体的暴力26名、精神的暴力30名、性的暴力19名、社会的暴力24名、経済的暴力25名、子どもを利用した暴力21名 全員が複数種類の暴力被害を経験
制度利用状況	保護命令発令8名、一時保護施設利用4名
DV 被害を受けていた期間（調査時点）	5年未満7名、5年以上10年未満3名、10年以上15年未満8名、15年以上20年未満5名、20年以上6名、不明1名
相手と別居から調査時までの期間	1年未満2名、1年以上3年未満18名、3年以上5年未満7名、5年以上3名

（2）調査方法

　調査協力者に対し半構造化面接による個別インタビューを実施した．調査時期は2020年1月～2月，調査場所はA市の公的施設の会議室（個室）を用いた．インタビュー時間は1人あたり約90～120分である．

　インタビューでは，①DVによる現在の心身の影響，②子どもがいる者には子どもに関する経験，③増井（2019）による「DV被害者支援のステージモデル」[5]を調査協力者に図示し説明した上で，加害者と同居中（AⅠ，AⅡステージ），一時保護や実家等に一時的に避難をしていたとき（BⅠ，BⅡステージ），加害者と別居した当初の時期（Cステージ）の5つの時期に分けて，インフォーマル・フォーマルを含む他者からの支援経験ならびにその支援がどのような意味があったかなどを尋ねた．本研究では③の語りのうち，加害者と別居した当初の時期（Cステージ）のA市DVセンターに関する語りを分析対象とした．

（3）分析方法

　分析は佐藤（2008）を参考にデータからコードを立ち上げていく帰納的アプローチにより以下の手順で行った．①インタビュー内容を文字化した全テキストから，CステージにA市DVセンターから受けた支援に関する語りを抽出した．②抽出部分を1行1行丹念に読み込み，意味のまとまり毎に，語りの内容を縮減しすぎないコードを立ち上げた（定性的コーディング）．例えば「一人

が不安なんです．／だから，今電話とか，話を聞きに来るだけでも安心なんです．／そういうのがわかってる人たちがいるというだけで安心できるんです」という語りでは『一人が不安』『電話相談や面談で話を聞くだけでも安心』『理解がある人たちがいるというだけ安心できる』というコードを生成した．③②で作成したコードをもとに，似た意味のコードを集めて「条件」「行為」「帰結」を意識しながら，より抽象度が高い概念的カテゴリーをつけた（焦点的コーディング）．

　分析の結果，コード 303 個を生成し，そこから 48 のカテゴリー，16 のコアカテゴリーを見いだした．コアカテゴリーを〈　〉，カテゴリーを【　】，サブカテゴリーを〔　〕，コードは太字で示す．

3　倫理的配慮

　本研究は，奈良教育大学「人を対象とする研究倫理審査委員会」から承認（2020 年 1 月 10 日，審査番号 1-12）を得て実施した．また日本司法福祉学会研究倫理指針を遵守している．調査実施前に協力者にインタビューの実施や結果の公表に関わる配慮事項等について文書と口頭で説明を行い，同意書を得てから実施した．調査は心理的な侵襲を伴うことから，インタビュー及び質問は心身の反応を考慮し慎重に行った．また調査分析や公表の過程において，個人情報の取り扱いについて十二分に配慮を行なった．

4　研究結果と考察

(1) DV 被害者が加害者と別居後に A 市 DV センターを利用した経験（全体構造）

　DV 被害者（以下，被害者）が加害者と別居後に A 市 DV センターを利用した経験の分析の結果，相手と別居後に置かれる状況，DV センターの利用と得た支援，DV センターを利用した結果得られた経験の 3 つに分類された．全体構造を図で示すとともに，コアカテゴリーにより以下に結果を概観する．

　相手と別居後の被害者は〈一人で対処する限界〉と〈孤立・孤独〉，〈離別後も続く DV の影響〉という状況に置かれる．その状況の中〈DV センターとの

図 1 分析結果図：DV 被害者が加害者と別居後に A 市 DV センターを利用した経験

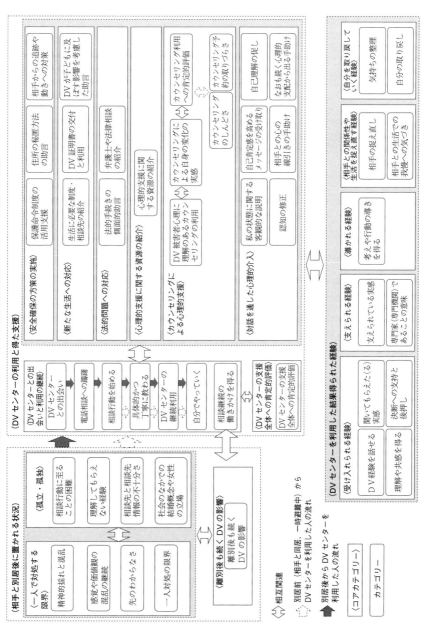

出会いと利用継続〉を行い，〈DV センターの支援全体への肯定的評価〉をしていた．DV センターでは〈安全確保の方策の実施〉〈新たな生活への対応〉〈法的問題への対応〉に加え，〈心理的支援に関する資源の紹介〉〈カウンセリングによる心理的支援〉〈対話を通した心理的介入〉という心理的支援に関する DV センターの専門的支援を受ける．これらの支援を受け，被害者は〈受け入れられる経験〉〈支えられる経験〉〈導かれる経験〉〈相手との関係性や生活を捉え直す経験〉〈自分を取り戻していく経験〉をしていた（図1）．

　以下，分析結果について順に説明する．

（2）相手と別居後に置かれる状況

　被害者が相手と別居後に置かれる状況に〈一人で対処する限界〉と〈孤立・孤独〉があり，強く関連していた．また〈離別後も続く DV の影響〉として被害者に長期的に影響を与えていた．見いだした3カテゴリーを表2に示す．

　①一人で対処する限界

　〈一人で対処する限界〉とは，被害者が離別による【精神的揺れと混乱】やそれまでの生活で蓄積されてきた【感覚や価値観の混乱の継続】に加えて，【先のわからなさ】を抱え，【一人対処の限界】に直面する状況に置かれることである．

　【精神的揺れと混乱】とは，避難後に精神的に揺れていたというように離別直後に経験する精神的な揺れと，人生で未経験な事態にあって頭が真っ白な状態というような混乱状況のことである．【感覚や価値観の混乱の継続】とは，相手と過ごした時は洗脳のような感じだったと感じることや，相手に私がおかしいと言われる経験を積み重ねる中で自分が普通かわからないという感覚や価値観の混乱が離別後にも続いている状況のことである．【先のわからなさ】とは，初めてなのでわからない，裁判や調停が全くどうなるかわからないというように，これからどうなるのかなど，先の見通しが立たない状況のことをいう．【一人対処の限界】とは，一人が不安と感じることや，裁判所や役所への提出書類が特殊なのでガイドなしには書けないという自分だけではできないことに直面すること，自分だけだと気持ちの折り合いがつかないというように【精神

表2 分析結果一覧（1）相手と別居後に置かれる状況（コアカテゴリー、カテゴリー、サブカテゴリー一覧）

〈コアカテゴリー〉	【カテゴリー】	〔サブカテゴリー〕
一人で対処する限界	精神的揺れと混乱	―
	感覚や価値観の混乱の継続	―
	先のわからなさ	―
	一人対処の限界	―
孤立・孤独	相談行動に至ることの困難	DV だと分からなかった
		うまく言えない
		いろいろがわからない
		人に言うことがなかった
	理解してもらえない経験	―
	相談先と相談先情報の不十分さ	―
	社会のなかでの結婚概念や女性の立場	―
離別後も続くDVの影響	離別後も続くDVの影響	―

的揺れと混乱】に一人で向き合うことに限界を感じる状況のことである．

②孤立・孤独

〈孤立・孤独〉とは，先述した〈一人で対処する限界〉がありながらも【相談行動に至ることの困難】や【理解してもらえない経験】に加えて，【相談先と相談先情報の不十分さ】があることや【社会のなかでの結婚概念や女性の立場】から，相談先につながることができず，被害者が孤立し孤独な状況に置かれることである．

【相談行動に至ることの困難】とは，被害者が相談行動に至ること自体に困難さがある状況のことである．被害者は〔DV だと分からなかった〕ことや，**自分でもわかっていない**状況に加え，経験したことが〔うまく言えない〕や〔人に言うことがなかった〕というような状況にあった．【理解してもらえない経験】とは，DV があった生活やそこから生じる大変さについて，周りに理解してもらえない経験をすることである．被害者はどこにいっても**誰も私のことを理解してくれない**ことや，PTSD 症状をもつ**私がおかしくなったと親にも思われる**こと，自身の状態が理解されず**身近な人ともうまくいかなくなる**経験をしていた．【相談先と相談先情報の不十分さ】とは，相談先が十分にないことや，相談をしたいと思ったとしても相談先情報が不足している状況のことである．【社会のなかでの結婚概念や女性の立場】とは，社会にある固定的な女

性や結婚に対する考え方に被害者が直面する状況のことである．被害者は**頑張って当たり前という結婚概念**を内面化し，結婚生活の中で頑張りや努力，我慢を積み重ねてきていた．また**社会に女性が悪いという風潮がある**ことを肌で感じつつ，**女性は何も悪くないと思う**というように，女性に対する社会の風潮に晒され，それに対する違和感を持っていた．

③離別後も続くDVの影響

〈離別後も続くDVの影響〉として被害者は，**相手からの呪縛は解けていない**という思いや，**離婚すれば終わりではない，今も自己肯定感がやっぱり低い**など様々な影響を長期間受け続けていた．また**昨年秋頃に精神的にまいった時期があった**というように影響の波がみられた．

（3）DVセンターの利用と得た支援

先述したような状況の中被害者はDVセンターと出会い，利用を継続（〈DVセンターとの出会いと利用の継続〉）する中で，〈安全確保の方策の実施〉〈新たな生活への対応〉〈法的問題への対応〉〈心理的支援に関する資源の紹介〉〈カウンセリングによる心理的支援〉〈対話を通した心理的介入〉という支援を受ける．以上のDVセンターの利用により〈DVセンターの支援全体への肯定的評価〉がされていた．

カテゴリー等の一覧を表3に示す．以下では，紙幅の都合上，〈DVセンターとの出会いと利用の継続〉と，語りが多くみられた心理的支援に関するコアカテゴリーのみコードを用いて詳述する．

①DVセンターとの出会いと利用の継続

〈DVセンターとの出会いと利用の継続〉とは，被害者が【DVセンターとの出会い】をした後，【電話相談への躊躇】も経験しながらも，【相談行動を始める】ことによりDVセンターに繋がり支援を受ける中で自身に必要なことを【具体的かつ丁寧に教わる】こと，またその繋がりが一時的ではなく【DVセンターの継続利用】がなされ，一定程度安定し【自分でやっていく】と思えるまで利用が継続されることである．支援者から【相談継続の働きかけを得る】

表3 分析結果一覧（2）DV センターの利用と得た支援（コアカテゴリー、カテゴリー、サブカテゴリー一覧）

〈コアカテゴリー〉	【カテゴリー】	［サブカテゴリー］
DV センターとの出会いと利用の継続	DVセンターとの出会い	女性の支援機関・支援者から教えてもらう 警察に教えてもらう 役所の窓口に教えてもらう 子どもや子どもの関係先に教えてもらう 友人に教えてもらう 覚えていない
	電話相談への躊躇	―
	相談行動を始める	―
	具体的かつ丁寧に教わる	―
	DVセンターの継続利用	電話相談の利用 面接相談の利用 必要時につながれる相談先としての利用
	自分でやっていく	―
	相談継続の働きかけを得る	―
安全確保の方策の実施	保護命令制度の活用支援	保護命令制度の提示 保護命令の申し立て支援 保護命令の自身での申し立て
	住所の秘匿方法の助言	―
	相手からの追跡や動きへの対策	―
新たな生活への対応	生活に必要な制度・相談先の紹介	―
	DV証明書の交付と利用	DV証明書の申請・交付 DV証明書により可能となる制度利用
	DVが子どもに及ぼす影響を考慮した助言	―
法的問題への対応	法的手続きの側面的助言	―
	弁護士や法律相談の紹介	弁護士の紹介を依頼 弁護士や法律相談についての情報をもらう
心理的支援に関する資源の紹介	心理的支援に関する資源の紹介	―
カウンセリングによる心理的支援	DV被害者心理に理解のあるカウンセリングの利用	カウンセリングの紹介・説明 カウンセリングの開始 カウンセリングの継続 カウンセリングの終了
	カウンセリングによる自身の変化の実感	気づきがある 自分の変化を感じられる
	カウンセリング利用への肯定的評価	ありがたい よかった 助かった 安心感が持てた 勧めたい
	カウンセリングのしんどさ	―
	カウンセリング予約の取りづらさ	―
対話を通した心理的介入	私の状態に関する客観的な説明	自分の状態・症状の説明 今後の心理状況の変化の見通し
	自己肯定感を高めるメッセージの受け取り	―
	自己理解の促し	―
	認知の修正	―
	相手との心の線引きの手助け	心の線を引いていく 相手の呪縛を解いていく 相手への気持ちを直視する
	なおも続く心理的支配から出る手助け	―
DV センターの支援全体への肯定的評価	DVセンターの支援全体への肯定的評価	きっちり支援してもらえた 専門的助言の的確さ 自分で動けた 安心できる 頼れる 支援者への信頼 支援があってよかった ありがたい・感謝の気持ち もっと早くにつながりたかった 恵まれている

ことで〈離別後も続く DV の影響〉を感じた際などに DV センターに繋がることができていた.

【DV センターとの出会い】とは,婦人相談員や女性支援の NPO,警察,役所,友人という関わりのある機関や人から教えてもらい被害者が DV センターを知ることである.相談経緯を〔覚えていない〕人もいた.【電話相談への躊躇】とは,**電話することに躊躇した**というように電話相談をすることに躊躇することである.【相談行動を始める】とは,躊躇しながらも**思い切って電話相談をした**経験を通して,**電話相談で一度会って話を聞くと言われる**というように,被害者が相談行動を始めることである.【具体的かつ丁寧に教わる】とは,後述するような DV センターの支援を通して**知らないことばかりを教えてもらう,本当にひとつひとつ教えてくれる**というように,被害者が必要な支援を一つ一つ具体的かつ丁寧に教わることができることである.【DV センターの継続利用】とは,被害者が必要と感じたときに電話や面接相談を利用することや,**不安になる度に電話相談を利用した**というように〔必要時につながれる相談先としての利用〕をすることである.【自分でやっていく】とは,**支援の後半は支えてもらうこともなかった**というように,それまでの支援で得た経験をもとに被害者が自分でやっていこうと思うことである.【相談継続の働きかけを得る】とは,**継続的に生活の様子を確認する電話をくれることや何かあればいつでも相談していいと言ってくれる**ことで〈離別後も続く DV の影響〉が出た際に相談に対応してもらえると被害者が感じられ,実際に相談行動の継続につながる働きかけを受けることである.

②安全確保の方策の実施

〈安全確保の方策の実施〉とは,DV 被害者が【保護命令制度の活用支援】や【住所の秘匿方法の助言】【相手からの追跡や動きへの対策】という安全を確保する方策を行うことである.

③新たな生活への対応

〈新たな生活への対応〉とは,【生活に必要な制度・相談先の紹介】や【DV 証明書の交付と利用】【DV が子どもに及ぼす影響を考慮した助言】を受けて,

DV 被害者が新たな生活へ対応できるようにすることである.

④法的問題への対応

〈法的問題への対応〉とは, 【法的手続きの側面的助言】や【弁護士や法律相談の紹介】を受けて, 離婚や婚姻費用などの裁判や調停といった DV 被害者が抱える法的問題へ対応できるようにすることである.

⑤心理的支援に関する資源の紹介

〈心理的支援に関する資源の紹介〉とは, 心理的支援のグループに誘ってもらう等の資源紹介を受けることである.

⑥カウンセリングによる心理的支援

〈カウンセリングによる心理的支援〉では, 【DV 被害者心理に理解のあるカウンセリングの利用】により【カウンセリングによる自身の変化の実感】を得ることで, 被害者は【カウンセリング利用への肯定的評価】を行っていた. 一方で【カウンセリングのしんどさ】や【カウンセリング予約の取りづらさ】も経験していた.

【DV 被害者心理に理解のあるカウンセリングの利用】とは, 支援者からカウンセリングの紹介や説明を受け, 利用希望した場合に実施され, 終了するという, カウンセリング利用の流れのことである. 【カウンセリングによる自身の変化の実感】とは, カウンセリングを受けることにより〔気づきがある〕〔自分の変化を感じられる〕という変化を被害者自身が実感できることである. 【カウンセリング利用への肯定的評価】とは, 〔ありがたい〕〔助かった〕や他の被害者にも〔勧めたい〕と思えるようなカウンセリングへの肯定的評価を持つことである. 肯定的評価がある一方で**カウンセリングはしんどくもあった**というように【カウンセリングのしんどさ】や【カウンセリング予約の取りづらさ】も経験していた.

⑦対話を通した心理的介入

〈対話を通した心理的介入〉とは, 支援者から【私の状態に関する客観的な

説明】を受けることや【自己肯定感を高めるメッセージの受け取り】をすることで,【自己理解の促し】を得ることや,【認知の修正】があること,【相手との心の線引きの手助け】や【なおも続く心理的支配から出る手助け】が得られることである.

【私の状態に関する客観的な説明】とは,支援者から〈一人で対処する限界〉に置かれているような〔自分の状態・症状の説明〕を聞くことや〔今後の心理状況の変化の見通し〕を教えてもらうことである.【自己肯定感を高めるメッセージの受け取り】とは,**自分を褒めて認めるようにすごく言ってもらえる**というように,下がっている自己肯定感を高めるメッセージを支援者から受け取ることである.【自己理解の促し】とは,**私の状態が分かって安心したやカウンセラーから生育環境から元々の自己肯定が弱い部分があると言われる**というように支援者との対話を通して被害者の自己理解が進むことである.【認知の修正】とは,**カウンセリングで自分のものの見方が変わった**というように,これまでのものの見方・捉え方が修正できたと実感することである.【相手との心の線引きの手助け】とは,支援者との対話の中で〔相手への気持ちを直視する〕ことや,会わないことや時間が過ぎていくことで〔相手の呪縛を解いていく〕こと,相手との〔心の線を引いていく〕というように被害者が相手への気持ちを線引きしていくための手助けを得ることである.【なおも続く心理的支配から出る手助け】とは**毎回のカウンセリングでは相手の支配外に出ることを一生懸命言ってもらっている**というように,相手からの心理的支配が離別後も続く中で,その支配外に出るための手助けを得ていることである.

⑧DVセンターの支援全体への肯定的評価

以上のようなDVセンターの支援を受け,被害者は〔きっちり支援してもらえた〕や〔専門的助言の的確さ〕,〔安心できる〕こと,〔ありがたい・感謝の気持ち〕といった〈DVセンターの支援全体への肯定的評価〉を持っていた.

(4) DVセンターを利用した結果得られた経験

被害者はDVセンターの支援を利用することにより〈受け入れられる経験〉〈支えられる経験〉〈導かれる経験〉〈相手との関係性や生活を捉え直す経験〉

表4　分析結果一覧（3）DV センターを利用した結果得られた経験
（コアカテゴリー、カテゴリー、サブカテゴリー一覧）

〈コアカテゴリー〉	【カテゴリー】	〔サブカテゴリー〕
受け入れられる経験	DV 経験を話せる	—
	聞いてもらえた（る）実感	—
	理解や共感を得る	DVに理解があることの安心 気持ちをわかってもらえる 共感してもらえる 悪くないと言ってもらえる
	決断への支持と後押し	—
支えられる経験	支えられている実感	支えられている お世話になっている 頼っている 踏ん張ろう・頑張ろうと思える
	専門家（専門機関）であることの意味	—
導かれる経験	考えや行動の導きを得る	—
相手との関係性や生活を捉え直す経験	相手の捉え直し	DV加害者の性質の理解 理解し合えない相手
	相手との生活での我慢への気づき	—
自分を取り戻していく経験	気持ちの整理	—
	自分の取り戻し	—

〈自分を取り戻していく経験〉をしており，これらのカテゴリーは相互に関連している．特に〈相手との関係性や生活を捉え直す経験〉〈自分を取り戻していく経験〉には，〈カウンセリングによる心理的支援〉と〈対話を通した心理的介入〉が大きく寄与していた．見いだしたカテゴリー等を表4に示す．

　①受け入れられる経験
　〈受け入れられる経験〉とは〈孤立・孤独〉状態の被害者が【DV 経験を話せる】ことや，話したことを【聞いてもらえた（る）実感】をもつこと，そして【理解や共感を得る】ことや自身の【決断への支持と後押し】を得ることである．
　【DV 経験を話せる】とは，**自分が受けた DV を初めて人に言う**というように，これまで自分で抱えてきた DV 経験を話せることである．【聞いてもらえた（る）実感】とは，**電話相談をしてみたら話を結構聞いてくれた，話を聞いてくれるところがあると思える**というように，話を聞いてもらえた，聞いてもらえると実感できることである．【理解や共感を得る】とは，【理解をしてもらえない経験】をしてきた被害者が支援者に話し，応答を得ることで〔DV に理

解があることの安心〕や，気持ちの理解や共感を実感できること，自分は〔悪くないと言ってもらえる〕経験を得ることである．【決断への支持と後押し】とは支援者とのやりとりの中で**離別は間違いではないと思える**ことである．

②支えられる経験
〈支えられる経験〉とは，DVセンターを利用し【支えられている実感】を持つことや，【専門家（専門機関）であることの意味】を感じていることである．
【支えられている実感】とは，DVセンターの利用により被害者が〔支えられている〕や〔お世話になっている〕〔頼っている〕という思いをもつこと，〔踏ん張ろう・頑張ろうと思える〕ことである．【専門家（専門機関）であることの意味】とは，DVの専門家（専門機関）による的確な支援を受けられたと感じることである．

③導かれる経験
〈導かれる経験〉とは，【先のわからなさ】を抱えている被害者が〈支えられる経験〉を伴いながら，**今後どうなるか教えてもらうことや，たくさんの事例を知っている専門家に正しい方に導いてもらえた**というような【考えや行動の導きを得る】ことである．

④相手との関係性や生活を捉え直す経験
〈相手との関係性や生活を捉え直す経験〉とは，【相手の捉え直し】や【相手との生活での我慢への気づき】を得ることである．
【相手の捉え直し】とは，支援者からの説明で〔DV加害者の性質の理解〕をすることや支援者との健全な関係の中で相手のことを〔理解し合えない相手〕であると捉え直していくことである．【相手との生活での我慢への気づき】とは，相談員とのやりとりの中で，相手との生活では**家族と会えない我慢**などの我慢をしていたことに気づくことである．

⑤自分を取り戻していく経験
〈自分を取り戻していく経験〉とは，被害者が支援を受ける中で【気持ちの

整理】や【自分の取り戻し】を経験することである.

【気持ちの整理】とは，支援者とのやり取りの中で**気持ちの整理ができる機会が結構あった**と感じられることである.【自分の取り戻し】とは，支援者とのやり取りを通して**元に戻してもらえた感じがある**と実感できることである.

5 総合的考察

以上の結果をもとに，被害者にとっての DV センターによる支援の意味および心理的支援の重要性，ならびに DV センターの役割について考察する.

（1）DV 被害者にとっての DV センターによる支援の意味

DV について宮地・松村（2017）は，DV は「単なる暴力ではなく，被害者から個人の尊厳や生きる権利，安心して暮らす基盤などを奪うもの」と述べ，加害者から逃れたあとにも PTSD やうつ，性格や対人関係の変化など多岐に渡る有害な影響が心身に及ぼされること，生活が困難になることを挙げている（宮地・松村 2017: 49-53）.さらにそのような状況の被害者への支援には，時間がかかること，被害者に寄り添い「自分らしくいられる『個的領域』」を取り戻すことが重要であり，そのためには自分をそのまま承認してくれる誰かとのつながりが必要不可欠であると述べている（宮地・松村 2017: 53）.

本研究から被害者は，別居後さまざまな困難を経験する中で，安全確保や新たな生活，法的問題に対応していくための多様な支援を必要とし，実際に安心して暮らす基盤を確保するための支援を DV センターから得ていた.またそのプロセスにおいて，自分がそのまま承認される経験をし，「自分らしくいられる『個的領域』」の取り戻しも促進されていた.被害者が置かれている状況を理解した上で，その時々で必要な支援を被害者に寄り添い，時間をかけて提供していくという DV センターでの支援が，加害者と別居した当初の時期に提供されていくことは，被害者の自立と回復のために重要であるといえる.また，一人ひとりの個的領域を守ることは住民に最も身近な基礎自治体のもつ重要な役割の一つともいえるため，このような専門的支援がどこの基礎自治体でも行われていくことは必要であると考える.

（2）心理的支援の重要性

　DV センターを利用した結果得られた〈相手との関係性や生活を捉え直す経験〉と〈自分を取り戻していく経験〉には心理的支援が大きく寄与していた．特にカウンセリングに関する語りが多かった．配偶者等暴力被害におけるカウンセリングの意義を整理している佐藤（2020）は，パートナーとの関係の見直しや，被害者が「DV により歪められた自分の在り方に気づくようになること」といったカウンセリングでの支援について紹介している（佐藤 2020: 7）．また，支援者の役割として被害者を支えること，励ましていくことの必要性を挙げた上で，今はいない相手からの「幻の支配から離脱することが，被害者の心理的支援としては大事なこと」（佐藤 2020: 8）と述べている．

　本研究の結果から，DV センターを利用した結果得られた経験のうち，カウンセリングや対話を通した心理的介入によって，相手との関係性や生活の捉え直し，自分を取り戻していく経験に大きく寄与していたことから，心理的支援が有効であるとともに，離別後も続く DV の影響を踏まえると身近なところで長期的に心理的支援を受けられる体制が必要であるといえる．

（3）市設置の DV センターの支援者の役割

　被害女性を支える支援者の役割について，Brewster はアンカー（船の錨）という表現を使いている．アンカーとは「相手が本来持っている能力を支援し，力づけ，伸ばしていく人のこと」であり，「その女性が自分の長所や感情や欲求に目を向けられるよう助け，自力でもっとも安全な判断ができるよう手伝う人」（Brewster=2007: 101）である．Brewster は DV 被害者支援において，被害者がアンカーへの信頼を学ぶプロセスが重要であることや，相手から押しつけられてきた姿と対立するような内なる自己（インナーセルフ）を選ぶことで，本来の生活の再発見へと進んでいくこと，この再発見のプロセスを通して，被害者自身がもともと持っていた力を解き放ち，人生を変えることができると述べ，このプロセスを支えていくことがアンカーの役割であるとしている（Brewster=2007: 103-5）．

　このような支援は，本研究で明らかになった DV センターの支援で得ることができていた，受け入れられ，支えられ，導かれる経験をしつつ，相手との

関係性や生活を捉え直し，自分を取り戻していく経験と重なりあう．すなわち，市設置の DV センターの支援者はアンカーとしての役割を果たしていたといえる．

6　おわりに

　本研究では，DV 被害者へのインタビューを通して，DV の特有性に対応する専門的な知を有し，かつ中長期的に関わりを行える DV センターの支援が基礎自治体で行われることが，被害者の回復や自立につながるために重要であるということを示した．今後，基礎自治体においてより積極的に DV 被害者支援が推進される必要がある．

　本稿では紙幅の関係上，DV 被害者が相手と同居している時期を含む DV センターを利用する全ての時期を説明できていない．また，DV センターからの紹介により調査対象を得ており，DV センターに対する肯定的評価が調査協力者から語られやすいこと，調査協力を得た A 市の DV 施策や DV センターの特徴（カウンセリングの実施や婦人相談員の区役所配置など）が色濃く反映されていると推測されることから，結果の一般化への限界があり，人口規模や設置体制が異なる DV センターの支援実態についての研究も必要である．今後の課題として，市町村における DV 被害者支援ならびに困難な状況におかれた女性に対する支援について，支援体制や方策も含めた支援実態をもとに，よりよい支援のあり方に関する検討をさらに進めることが必要と考える．

［謝辞］
調査にご協力いただきました皆さまに心から感謝いたします．
本研究の一部は JSPS 科研費 JP20K02262 の助成を受けて行っている．

［付記］
本研究は第 68 回日本社会福祉学会秋季大会でのポスター発表内容について分析を精緻化し，大幅に加筆修正したものである．

［注］

1）内閣府男女共同参画局，2021 年 1 月 12 日発表「配偶者暴力相談支援センターにおける相談件数等（令和元年度分）」https://www.gender.go.jp/policy/no_violence/e-vaw/data/pdf/2019soudan.pdf（最終確認 2021 年 4 月 10 日）

2）警察庁，生活安全局生活安全企画課刑事局捜査第一課，2021 年 3 月 4 日発表，「令和 2 年におけるストーカー事案及び配偶者からの暴力事案等への対応状況について」https://www.npa.go.jp/bureau/safetylife/stalker/R2_STDVkouhousiryou.pdf（最終確認 2021 年 4 月 10 日）

3）特別区を含む市町村にも DV センター機能設置が可能になったのは 2004 年改正時である．その点について戒能（2006）は「ただし，設置『できる』という規定にとどまっており，積極性に欠ける．少なくても政令指定都市には設置義務を課すべきであった」（戒能 2006: 134）と指摘している．

4）内閣府・国家公安委員会・法務省・厚生労働省，2013 年 12 月 26 日告示「配偶者からの暴力の防止及び被害者の保護等のための施策に関する基本的な方針」https://www.gender.go.jp/policy/no_violence/e-vaw/law/pdf/houshin.pdf（最終確認 2021 年 4 月 10 日）

5）増井（2019）による「DV 被害者支援のステージモデル」とは，「加害者との同居の有無および加害者との関係が切れているかどうかに着目する」物理的ステージと，加害者と「離別の意思があるかないかどうかに着目」する心理的ステージという二つの軸で支援を考えるものである（増井 2019: 216-7）．

［引用・参考文献］

Brewster Susan（1997）To Be an Anchor in the Storm : A Guide for Families and Friends of Abused Women（= 2007, 平川和子監修・和歌山友子訳『DV 被害女性を支える　信頼と自尊心をつなぎとめるために』金剛出版）

原田恵理子（2013）「婦人相談員による支援」高畠克子編著『DV はいま――協働による個人と環境への支援』ミネルヴァ書房，79-94

樋口明子（2017）「配偶者暴力相談支援センターでの支援」『保健の科学』59（7），475-479

戒能民江（2006）「改正 DV 防止法における『自立』支援」戒能民江編著『DV 防止とこれからの被害当事者支援』ミネルヴァ書房，131-165

増井香名子（2019）『DV 被害からの離脱・回復を支援する――被害者の「語り」にみる経験プロセス』ミネルヴァ書房

松田智子（2010）「DV 対策は進んだのか：被害者支援の現状と課題」『佛教大学社会学部社会学部論集』（50），85-99

宮地尚子・松村美穂 (2017)「ドメスティック・バイオレンス (DV) とは何か」『保健の科学』
　　59 (1) ,49-53

佐藤郁哉 (2008)『質的データ分析法　原理・方法・実践』新曜社

佐藤由佳利 (2020)「配偶者等暴力被害におけるカウンセリングの意義」北海道教育大
　　学大学院教育学研究科学校臨床心理専攻『学校臨床心理学研究』17, 3-10

米田弘枝 (2009)「東京都における公的シェルターの実態と配偶者暴力相談支援センター
　　の活用」『女性心身医学』14 (2) , 150-154

社会内での居場所感が再犯に与える影響について

Influence of Social Safe Places on Reoffending

神垣一規 *　佐藤将太 **

1　問題意識

　受刑者の再犯防止において社会内での居場所を確保することが重要であると指摘されて久しい．近年でも，2017 年に閣議決定された再犯防止推進計画の重点項目として「就労・住居の確保等」が挙げられ，本計画に基づいて様々な施策が行われている．また，2019 年 12 月の犯罪対策閣僚会議において決定された再犯防止推進計画加速化プランでは，住居が定まらないまま出所したものを含む満期釈放者の再犯率が，出所後の住居が定まっている仮釈放者の再犯率の 2 倍以上になっていることが指摘され，仮釈放の積極的な運用の必要性が示されている．そして，実際の仮釈放率は近年上昇傾向にあり，令和 2 年版犯罪白書（2020）では，2019 年の仮釈放率は 58.3％であり，2011 年から増加に転じて，それ以降は 50％以上を維持していることが示されている．このように，出所後の住居等を確保するための動きは，国の施策としても現場の取組としても推進されてきている．しかし，仮釈放となった出所者のうち，3 割程度が出所後 5 年以内に刑務所等に再入所している現実もあり（令和 2 年版犯罪白書，2020），一部の出所者にとっては，出所後の住居を定めて仮釈放となることが十分な再犯防止効果を発揮していないと言える．

　その理由の一つとして，帰住先が出所者をつなぎ留めておく場所として

---

* 関西国際大学講師　** 鳥取刑務所調査専門官

十分機能していないことが考えられる．こうした考え方の基盤となるのが，Hirschi（1969）の社会的絆の理論であり，社会に対する個人の絆が弱くなったり失われたりすると逸脱が発生するとされている．あらかじめ帰住先が定められたとしても，すべての受刑者が同様に社会との絆を形成できるわけではない．Laub & Sampson（2003）によると，継続的に逸脱行為に及んでいる者は，様々なライフイベントで失敗経験を重ねていることが多く，青年期から生活が不安定であり，その結果として社会とのつながりを形成しにくくなっているという．そのため，例えば，同じように更生保護施設に帰住して仮釈放となった者であっても，それまでの経験によって，社会とのつながりの形成しやすさは異なり，結果的に再犯に至る者もいると考えられる．さらに，仮釈放者に対するインタビュー調査を行った Bahr,Harris,Fisher & Armstorng（2010）によると，再犯に至った者も再犯に至らなかった者も家族との関係性を重視しているが，再犯に至った者は家族との同居などで生じる問題やストレスについて言及する傾向があったとしている．このように，家族との関係性が維持されていたとしても，そこにストレスを感じて居心地の良さを得られなければ，再犯を抑止できない可能性がある．先行研究を参照すると，家族とのつながりやサポートの有無が再犯とどのように関係しているか検討している研究は散見されるが（例えば，Berg & Huebner,2011 や Davis,Bahr & Ward,2012 など），いずれの研究においても，社会内でのつながりを維持できにくい者やサポートを心地良く感じない者の存在には焦点を当てていない．

　こうした中，神垣（2018）は，社会内に頼れる家族や知人がいたとしても，その場所は居心地が悪く，継続して身を寄せようとは思わないという受刑者が一定数存在することを示している．そして，社会内に帰る場所も頼れる人もいない群は，幼少期における両親との離別や家庭の貧困，成人後の長期の無職状態など，安定しない社会生活を経験してきたことを明らかにしており，これは Laub & Sampson（2003）が指摘する社会とのつながりを形成しにくくなっている人の特徴と一致している．さらに，神垣（2018）は，社会内に帰る場所等があると感じている場合には，そこでの居心地を良いと感じている群と悪いと感じている群では，これまでの生活の不安定さに大きな違いがないという結果も得ている．つまり，今まで経験してきたライフイベントからは，社会

とのつながりの有無を予測することはできるが，社会とのつながりの質は予測できないと言える．一方，受刑中の家族との関係性が良好であれば，出所後の家族との関係も良好であると示している研究はあり（Markson, Lösel, Souza & Lanskey, 2015)，これまで社会内で感じてきた居心地の良さや社会とつながっているといった感覚が，出所後の帰住先での感覚と関係する可能性が示唆されている．そのため，もし，今までの社会生活で居心地の良さを感じてこなかったとすれば，たとえ帰住先を定めて仮釈放になったとしても，そこでの生活に落ち着けない可能性がある．つまり，出所後の社会とのつながりの質や居心地の良し悪しは，刑務所入所前の社会とのつながりの質や居心地の良し悪しと関係していると考えられる．

　今まで経験してきたライフイベントが受刑者ごとに異なるように，今まで社会内で得てきた居心地の良し悪しの個人差も大きい．神垣・佐藤・齊藤・東（2020）は，受刑前の生活地で得てきた居心地の良さを居場所感と捉えて，その質や程度を測定するための尺度を開発しており，受刑者の居場所感についての特徴を分析している．そして，居場所感には種類があり，刑務所入所回数や年齢によって，感じやすい居場所感や重要視する居場所感が異なることを見出している．仮釈放者の中には，社会内で良好な居場所感を得てきた者とそうでない者が含まれており，この違いが帰住先へのつながりの強さや安定した社会生活の維持に影響を与え，再犯の有無につながっていると考えられる．しかし，先行研究では，受刑前の生活地における居場所感と再犯との関係性について十分に検討されていない．

　社会内に生活拠点を得たとしても，再び問題を抱えてしまう刑務所出所者の存在は佐藤・遠山（2017）などによってかねてから指摘されており，単に生活の場を与えたり仮釈放者数を増やしたりするだけでは，再犯者数を減らす上で限界が来ると予想される．そのため，社会とのつながりを心地良いと思えるかどうかといった要因の影響について考慮することは，再犯者をさらに減らす上で重要であると考える．そこで本研究では，受刑前生活地における居場所感と再犯率との関係について多面的に検討し，居場所感がどのように再犯と関係するのか考察することを目的とする．

2 方法

(1) 対象者

　犯罪傾向の進んでいる受刑者を収容する施設である A 刑務所に 2017 年 5 月から同年 7 月までの期間に在所していた男子受刑者のうち，2020 年 2 月 1 日時点（以下「調査時点」という）で刑務所を出所していたもの 166 名（満期釈放者 59 名，仮釈放者 107 名）を対象とした．尺度実施時点の平均年齢は 48.0 歳（SD=12.5）であり，刑務所初入者は 22 名で，その他の対象者の平均入所回数は 5.3 回（SD=3.7）であった．

(2) 調査内容

　対象者が A 刑務所に在所中の 2017 年 5 月から同年 7 月までの期間で，神垣ら（2020）が作成した男子受刑者用居場所尺度を実施した．本尺度は 7 因子 40 項目で構成されており，生活歴のある特定の場所においてどのような感覚を得てきたのかを測定するための尺度である．各因子の内容としては，「誰かと一緒に食事をできる」といった項目に代表される「被受容感」因子，「そこにいると落ち着く」といった項目に代表される「精神的安定」因子，「自分の能力が発揮できる」といった項目に代表される「自己効力感」因子，「長い年月を過ごした場所である」といった項目に代表される「ゆかりある場所」因子，「時間に束縛されない」といった項目に代表される「自由気まま」因子，「そこではこれまでのことを反省できる」といった項目に代表される「反省，自粛」因子，「料理を作ってもらえる」といった項目に代表される「基本的欲求の充足」因子である．尺度の実施に当たっては，対象者らに犯罪をしていた頃に生活していた場所を思い浮かべてもらい，各項目について「とてもよく当てはまる」から「当てはまらない」までの 5 件法で回答を求めた．

　その後，調査時点において，法務省内のデータベースを使用して，刑務所出所時の帰住先，再犯状況及び出所してから再犯日または調査時点までの日数について調査した．帰住先については，父母，兄弟姉妹，妻子，叔父叔母，いとこを「家族」，友人，内妻，雇用主等を「知人」，更生保護施設，自立準備ホー

ム等を「施設」,帰住先が未定のまま出所した場合を「なし」,帰住先が不明の場合を「不明」とした.また,再犯の定義については,いずれかの矯正施設への再入所とし,その入所日を再犯日として計算した.ほとんどの場合は,未決拘禁者として拘置所等に収容された日が再犯日となっているが,すべての再犯者はその後刑務所に再入所していることが確認されている.

(3) 倫理的配慮

本研究を行うに当たっては,その内容及び方法等が適切であることについて対象者が在所する施設の長の認可を得た.また,すべての対象者に対して,調査の目的や調査結果の利用方法等に関する情報に加えて,調査に協力するかどうかは自由であり,その選択は今後の処遇に影響しないことについて書面で告知し,同意が得られた対象者のデータのみを使用した.データの取り扱いについては,個人を特定できるような情報は削除し,情報管理の徹底した環境下で処理を行った.

(4) 分析ソフト

データの分析には SPSS　Statistics　バージョン 25 を使用した.

3　結果

(1) 対象者の特徴

対象者の帰住先については,「家族」が 45 名,「知人」が 22 名,「施設」が 66 名,「なし」が 23 名,「不明」が 10 名であった.また,対象者のうち,調査時点で再犯が認められた者は 58 名であり,帰住先ごとの再犯者率は「家族」が 33.3％,「知人」が 31.8％,「施設」が 39.4％,「なし」が 39.1％,「不明」が 10.0％であった.帰住先「不明」の中には,帰住先はあるが言いたくないというもの,単にデータベースに反映されていないものなどが含まれており,一定の傾向を示していないことから,帰住先別の分析からは除外した.その上で,カプランマイヤー推定法により帰住先ごとに生存関数を求めて比較したところ,有意な差は認められなかった.また,帰住先ごとの居場所感の平均値差

Table 1　帰住先別居場所感尺度得点

	帰住先の種類				F 値	多重比較
	0．なし	1．家族	2．施設	3．知人		
合計点	123.22	152.51	125.97	142.45	8.85**	0<1**, 2<1**
被受容感	40.26	50.49	40.91	48.32	6.79**	0<1**, 2<1**
精神的安定	18.91	24.82	20.05	22.45	6.95**	0<1*, 2<1*
自己効力感	8.83	11.11	9.5	10.82	3.86*	0<1*, 2<1*
ゆかりあり	8.83	10.76	8.08	9.41	4.76*	2<1**
自由気まま	22.87	26.73	24.65	25.91	2.23	
反省自粛	14.13	16.36	13.62	15.68	5.38**	2<1**
欲求充足	9.35	12.24	9.17	9.86	8.59**	0.2<1**, 3<1*

について分散分析を実施したところ，有意な結果が得られた（F〔3,152〕=8.85，p<.01）．そこで，*Turkey* 法による多重比較を実施したところ，「家族」のもとへ帰住した者が，帰住先「なし」や「施設」へ帰住した者に比べて尺度合計点が有意に高いという結果が得られた．因子ごとに比較したところ，「自由気まま」因子を除くすべての因子得点で，「家族」のもとへ帰住した者が「施設」へ帰住した者より有意に高いという結果が得られた（Table1）．一方，再犯の有無及び釈放種別（満期釈放及び仮釈放）を独立変数としたときの居場所感の差を検定したところ，どの因子についても有意な差は認められなかった．また，入所回数と居場所感尺度得点との間に有意な相関は見られなかった．

(2) 居場所感別生存分析

　尺度合計点及び各因子得点を平均±$1/2SD$で高群，中群，低群の3群に分け，カプランマイヤー推定法により各群の生存関数を求めたところ，いずれの因子においても各群の生存関数に有意な差は見られなかった．同様の作業を帰住先別に行ったところ，「家族」のもとへ帰住した者の「自由気まま」因子得点について，中群の方が高群に比して有意に再犯率が低かった（カイ2乗=4.67，df=2，p<0.5，一般化 *wilcoxon*）．また，「知人」のもとへ帰住した者の「基本的欲求の充足」因子得点について，低群の方が中群（カイ2乗=5.94，p<.05, log-rank）及び高群（カイ2乗=5.43，df=2，p<.05，*log-rank*）に比して有意に再犯率が低かった．

　釈放種別ごとに生存関数を求め，その差について検討したところ，仮釈放群は満期釈放群に比して有意に再犯率が低かった（カイ2乗=5.48，df=1，p<0.5，

一般化 *wilcoxon*）．そこで，尺度得点の各群別に釈放種別ごとの生存関数を求めたところ，尺度合計得点高群の場合は仮釈放者の方が満期釈放者よりも再犯率が低かった（カイ2乗 =9.12, *df*=1, *p*<0.1, 一般化 *wilcoxon*）ものの（Figure1），中群及び低群については釈放種別で再犯率に差が見られなかった（Figure2及び3）．同様の傾向はすべての因子得点で見られた．

　同様に，入所度数を平均±1/2*SD* で3群に分けて，それぞれの生存関数を求め，その差について検討したところ，入所度数の少ない群は多い群に比べて有意に再犯率が低かった（カイ2乗 =7.36, *df*=2, *p*<.01, *log-rank*）．そこで，尺度得点の各群別にそれぞれの入所度数群の生存関数を求めたところ，尺度合計得点高群の場合は入所度数の多い群が入所度数の少ない群（カイ2乗 =9.23, *df*=2, *p*<0.1, *log-rank*）及び入所度数が中程度の群（カイ2乗 =3.26, *df*=2, *p*<0.5, *log-rank*）よりも再犯率が高かったものの（Figure4），尺度得点中群及び低群については入所度数ごとに再犯率に差が見られなかった（Figure5及び6）．同様の結果は，「自由気まま」因子以外の各因子得点で見られた．「自由気まま」因子については，尺度得点低群の場合は入所度数中程度群が入所度数の少ない群と比

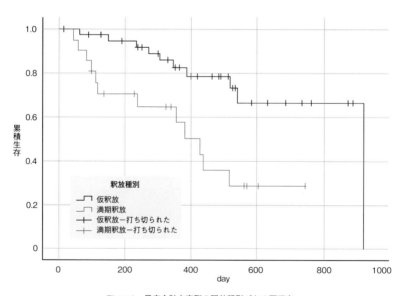

Figure1　尺度合計点高群の釈放種別ごとの再犯率

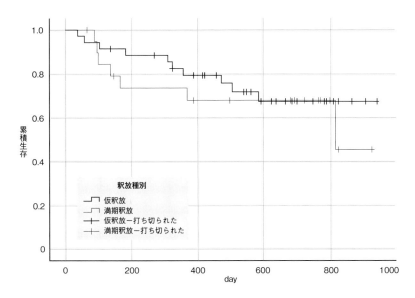

Figure 2　尺度合計点中群の釈放種別ごとの再犯率

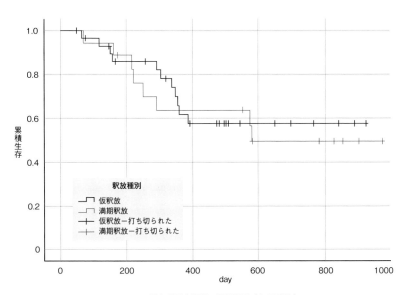

Figure 3　尺度合計点低群の釈放種別ごとの再犯率

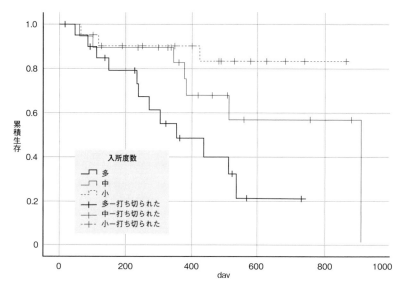

Figure 4　尺度合計点高群の入所度数ごとの再犯率

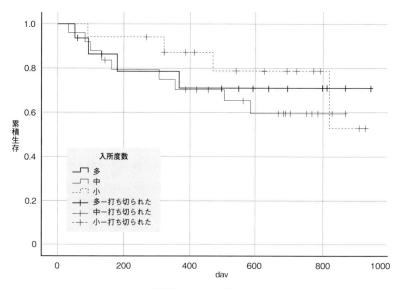

Figure 5　尺度合計点中群の入所度数ごとの再犯率

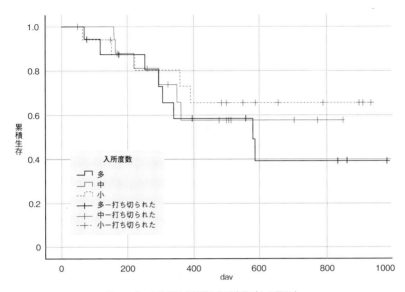

Figure 6　尺度合計点低群の入所度数ごとの再犯率

べて再犯率が高く（カイ2乗 =4.04, *df*=2, *p*<0.5, *log-rank*），尺度得点高群につい
ては入所度数中程度群が入所度数多い群と比較して再犯率が低かった（カイ2
乗 =8.81, *df*=2, *p*<0.1, *log-rank*）.

　さらに，年齢についても，20代及び30代，40代及び50代，60歳以上の3
群に分けて，それぞれの生存関数の差について検討したところ，各群で再犯率
の有意な差は認められなかった．そこで，尺度得点の各群別にそれぞれの年代
群の生存関数を求めたところ，尺度合計点及びいずれの因子得点についても，
年代ごとの生存関数に差は見られなかった．

(3) Cox 比例ハザードモデル

　これまで検討してきた各要因のうち，再犯率に影響を与えるといった結果が
得られた要因を独立変数として，Cox 比例ハザードモデルに基づき，尤度比に
よるステップワイズ法を用いて，再犯に与える影響度の強い項目を求めた．そ
の結果，入所回数，釈放種別，施設への帰住，入所回数と尺度合計点の交互作
用項のハザード比が有意であった（Table2）.

Table 2　Cox 比例ハザードモデル

	B	標準誤差	Wald	Exp(B)
入所回数	0.072*	0.033	4.917	1.075
釈放種別	0.752*	0.318	5.577	2.121
施設	-0.707*	0.214	5.092	0.493
入所回数×尺度合計点	0.002*	0.001	4.866	1.002

4　考察

　まず，本研究の結果から，社会内で得てきた居場所感が家族とのつながりの維持に関係している可能性が指摘できる．今まで社会内で居心地の良さを感じていた対象者は「家族」のもとへ帰住する傾向が高く，居心地の良さをあまり感じてこなかった対象者は「施設」へ帰住したり，帰住先がなかったりする場合が多いことが示された．これは，刑務所入所前から，自分を受け入れてくれる「家族」が社会内に存在しており，彼らとの関係の中で自分の欲求を満たすことができていた受刑者が，刑務所出所後も同じ場所に帰住した結果であると言える．逆に言えば，家族がいたとしても，そこに心地良さを感じてこなかった場合は，施設への帰住を選択する場合があると考えられる．実際に，親族がいる更生保護施設在所者9名分の語りを分析した若林・小畠（2020）によると，実際の家族で得ることのできない親密で温かな関係を施設の疑似家族的な関係の中で体験していると指摘されている．

　しかし，居場所感の中でも，「自由気まま」因子の得点だけは，帰住先によって有意な違いはなかった．このことから，今まで社会内で自由に生活できていたといった感覚は，家族とのつながりを維持する上では，あまり重要ではないと考えられる．むしろ，こうした感覚は，時間に束縛されず，自由に使える時間が多いといった生活様式との関係が深いと考えられ，家族との関係性の中では得にくい感覚なのかもしれない．このように，家族とのつながりを考える際には，社会内でどのような居場所感を得てきたかに留意する必要があると言える．ただし，本研究においては，家族のもとに帰住することによって再犯率が有意に低くなるといった結果は得られておらず，社会内で十分な居場所感を得ることができていて，家族のもとに帰住したとしても，再犯に及ぶ場合が少

なからずあると言える.

　では，居場所感と再犯はどのように関係しているのだろうか．まず，釈放種別については仮釈放であるというだけで再犯率が低く，入所度数については少ないというだけで再犯率が低かった．これらの結果は，犯罪白書で従来から指摘されている現象と一致している．ただし，本研究の結果を見る限りでは，こうした現象は社会内で高い居場所感を得てきた受刑者に限って生じていた．つまり，社会内を居心地が良いと感じていた受刑者らについては，入所回数が少ないことや，帰住先を定めて仮釈放となることが再犯を抑止することにつながるものの，社会内に居心地の良さを感じていなかった受刑者らについては，釈放種別や入所度数が再犯率に有意な影響を与えているとは限らない．ハザードモデルによる分析からも，入所回数が多い場合や施設に帰住する場合は再犯を起こす可能性が高くなり，仮釈放の場合は再犯を起こす可能性が低くなるという結果に加えて，入所回数と居場所尺度の合計点の交互作用項が再犯に有意に影響しているという結果が得られている．つまり，入所回数と再犯との関係性については，社会内での居場所感を考慮することで，より正確な実態を把握することが可能であると指摘できる．社会の居心地が良いと感じる受刑者にとっての入所回数の多さは，社会にいたいのに安定した社会生活を維持できないといった不適応の指標となるのに対し，社会の居心地が悪いと感じる受刑者については，その考え方が当てはまらない場合があるのではないだろうか．

　さらに，「家族」のもとへ帰ったとしても，今まで「自由気まま」な生活を送れてきたと強く感じてきた者は再犯率が高く，「知人」のもとに帰ったとしても食べたいものが食べられる，女性に会いたいときに会えるといった欲求が今まで満たされてきたと強く感じている者は再犯率が高かった．家族のもとに帰住すれば，自分勝手に過ごすことはできず，少なからず家族の生活リズムに合わせることが求められる．また，知人のもとに帰住した場合でも，自分のしたいことを我慢しなければならないことが多いと思われる．施設に帰住した者については，施設在所中は様々なことを我慢しなければいけないという覚悟をあらかじめ持っていると考えられるが，家族や知人のもとに帰住するものは，そうした覚悟が不十分なのかもしれない．そして，刑務所入所前に「自由気まま」や「基本的欲求の充足」などを強く感じてきた出所者らは，家族や知人と

の生活における予期していない制約の中で，今まで満たせていたものが満たせなくなったという感覚を高め，その結果として再犯に及びやすくなるのではないかと考えられる．

年齢についても，居場所感との関係性があるのか検討したものの，有意な結果は得られなかった．神垣ら（2020）によると，60歳以上の高齢受刑者は居場所感がそもそもあまり高まらないとされており，年齢が高くて居場所感も高いという受刑者が少なく，その影響について十分に検討できなかった可能性がある．本研究においては，年齢によって再犯率が変化するという結果も得られておらず，年齢という要因が再犯にどのような影響を与えているのかは明らかにすることはできなかった．

以上のように，受刑前の社会内における居場所感は，それ単体で再犯率に影響を与えることはないものの，本来，再犯を抑止するはずの仮釈放や入所回数の少なさが，居場所感の違いによって十分に再犯を抑止しなくなったり，今まで感じてきた居場所感によっては，家族や知人のもとに帰住することで，かえって再犯率を高めたりする可能性が示唆された．近年の犯罪からの離脱研究についてまとめた山梨（2018）によると，犯罪からの離脱は，社会的要因との接触によって当然に発生するものでも，行為者の内面の変化のみによって生じるものでもなく，社会的要因と行為者の認識の相互作用によって生じる現象であるとしている．本研究においては，家族のもとに帰住することや仮釈放となり一定期間保護観察を付されることといった生活環境と，受刑回数といった変えることのできない過去の経験が，居場所感といった本人の内的な感覚や認知と相互に影響し合うことで，再犯可能性に影響を与えていることが示された．この結果は，近年の離脱研究の考え方と一致する．

本研究の成果は，再犯に影響を与える要因は単体で機能する場合もあれば，複数の要因が相互に関係し合いながら再犯に影響を与えている場合もあるということを受刑者の居場所感という観点から実証的に示したことにあると言える．

5　まとめと展望

従前から指摘されていたような，入所回数や仮釈放の有無が直接的に再犯率

に影響することは本研究においても確認された．しかし，本研究の結果からは，刑務所入所前に社会内で居心地の良さを感じてこなかったものについては，入所回数の少なさや仮釈放であることが，再犯率の低下につながるとは言い切れない．また，今まで自由気ままな生活を送ってきたなどと感じている受刑者の場合は，家族のもとに帰住することによって制約を感じ，かえって再犯率を高めるといった現象が生じる可能性も考察された．ただし，本研究においては，刑務所入所前の生活地と刑務所出所後の帰住地の一致に関するデータを分析しておらず，刑務所入所前に家族のもとで居心地の悪さを感じていたとしても，出所後に家族のもとに帰住しなければ，入所前の居場所感の影響は少なくなるのかといったことについては検討できていない．今後は，居場所感や生活環境といった要因について，縦断的に調査することによって，再犯の防止に影響する要因をより正確に把握できるものと考える．そして，実際に帰住先を定める際などに，今までどんな居場所感を得てきたのか検討し，社会内での居場所感が低いものについては，より手厚い社会復帰支援を行うことの効果について検証することが望まれる．

［引用文献］

Bahr,S.J., Harris,L., Fisher,J.K. and Armstrong,A.H. 2010）Successful reentry:What differentiates successful and unsuccessful parolees? *International Journal of Offender Therapy and Comparative Criminology* 54（5），667–692. DOI:10.1177/0306624X09342435

Berg,M.T. and Huebner,B.M.（2011）Reentry and the ties that bind: An examination of social ties, employment and recidivism. *Justice Quarterly* 28（2），382–410. DOI: 10.1080/07418825.2010.498383

Davis,C., Bahr,S.J. and Ward,C.（2012）The process of offender reintegration: Perceptions of what helps prisoners reenter society. *Criminology and Criminal Justice* 13（4），446–469. DOI: 10.1177/1748895812454748

犯罪対策閣僚会議（2019）「再犯防止推進計画加速化プラン－満期釈放者対策を始めとした"息の長い"支援の充実に向けて」http://www.moj.go.jp/content/001322223.pdf（2020.11.14 閲覧）

Hirschi,T.（1969）*Causes of Delinquency.* University of California Press（＝森田洋司・清水新二監訳（2010）『新装版　非行の原因：家庭・学校・社会のつながりを求めて』

　文化書房博文社）

法務総合研究所（2020）令和 2 年版犯罪白書

神垣一規（2018）「受刑者が社会内で孤立する要因に関する一考察」『司法福祉学研究』
　　18，96–112.

神垣一規・佐藤将太・齊藤了・東康生（2020）「男子受刑者用居場所尺度の開発と受刑
　　者が居場所に求める心理的機能の分析」『犯罪心理学研究』58（1），33-50.

Laub, J. H., & Sampson, R. J.（2003）*Shared beginnings, divergent lives: Delinquent boys to
　　age 70.* Cambridge, MA: Harvard University Press.

Markson, L., Lösel, F., Souza, K., & Lanskey, C.（2015）Male prisoners' family
　　relationships　and resilience in resettlement. *Criminology and Criminal Justice,*15
　　（4），423-441. DOI:10.1177/1748895814566287.

佐藤みゆき・遠山萌（2017）「刑務所出所者の地域生活支援に関わる考察：障害者の地
　　域移行支援を参考にした対応策」『名寄市立大学社会福祉学科紀要』6，19-31.

若林馨・小畠秀吾（2020）「更生保護施設入所者の孤独感に関する研究：その様相及び
　　推移に着目して」『国際医療福祉大学学会誌』25（1），37-51.

山梨光貴（2018）「犯罪からの離脱メカニズム－更生保護の理論的基盤を求めて」『大学
　　院研究年報法学研究科編』47，189-205.

ソーシャルワーカー養成における
ハラスメント教育の現状と課題

Current Status and Issues of Harassment Education in the Training of Social Workers

坂野剛崇 * 　中澤未美子 **

1　問題・目的

　ハラスメントに関しては，ハラスメントという言葉の前に○○とつくものが 30 以上確認でき，この○○に入る単語は増え続けている状況にある．わが国で法的な規定があるハラスメントには，パワーハラスメント，セクシュアルハラスメント，妊娠・出産・育児休業等に関するハラスメントがある．これらで規定されているものの多くは，職場を発生場所とし，役職や立場が上位の者から下位の者に対して行われる権利を侵害する行為である．しかし，この双方の関係の不均等を背景にした権利侵害行為は，家庭，教育機関をはじめ様々な場で発生し，その数は増加している．例えば，2018 年度に都道府県労働局等に設置した総合労働相談コーナーに寄せられた「いじめ・嫌がらせ」の相談件数は 87,570 件で，最近 10 年間で 2.5 倍になっている（厚生労働省，2021）．また，2020 年度に警察に寄せられた配偶者からの暴力事案等（ドメスティックバイオレンス：DV）の相談等件数は 82,643 件で，10 年前の約 2.4 倍となっている（警察庁生活安全局生活安全企画課・刑事局捜査第一課，2021）．

　これらの相談は，様々な相談機関，対人支援者の下に持ち込まれる．社会福祉実践の場も例外ではなく，子どもの「いじめ」，司法領域での「被害者」「加害者」対応，DV やストーキング，ジェンダー関連，外国人や SOGIE（Sexual

*大阪経済大学教授　**山形大学准教授

Orientation ,Gender Identity & Gender Expression）をはじめとする社会的マイノリティ関連といった様々な問題が扱われることになる．そして，これらの問題に対する相談機関，対人支援者には，当事者間の問題の解決や調整のために適格な機能の発揮が求められる．しかし，社会福祉実践の場が遭遇するハラスメントは，これらばかりではない．対人支援者が被害に遭うということもある．厚生労働省の調査（三菱総合研究所，2019）では，施設・事業所に勤務する職員のうち，利用者や家族等から，身体的暴力や精神的暴力，セクシュアルハラスメントなどのハラスメントを受けた経験のある職員は，「利用者から」が4〜7割，「（利用者の）家族等から」が1〜3割になっており，サービスの種類によっては，高いもので6割程度，低いものでも2割程度と，いずれのサービス種においても，ハラスメントを受けている実態がうかがえる．また，逆に，支援者側が加害行為に及ぶことも少なくなく，ハラスメントと同じ構造を持つ問題といえる福祉施設での虐待についてみてみると，2019年度の障害者福祉施設従事者等による障害者虐待は547件（厚生労働省社会・援護局障害保健福祉部障害福祉課 地域生活支援推進室，2021），養介護施設従事者等による高齢者虐待は644件（厚生労働省老健局高齢者支援課，2020）あったと報告されている．

　これらの調査結果が示すように福祉の職場で働く支援者は，職場の上司等，あるいは，利用者からハラスメントを受け，被害者の立場に立たされることがあれば，逆に，支援者自身が部下や利用者に対してハラスメント行為を行い，加害者の立場に立つこともある．このように福祉実践の現場では，様々な形でハラスメントが発生することが想定され，社会福祉の専門職＝ソーシャルワーカー（以下，SWrと記す）は，これら様々な態様のハラスメントへの対応が求められる．

　このハラスメントへの対応に関して，北仲・横山（2017）は，大学におけるハラスメント相談に関するSWrの役割として，①被害とは何かということを明確にする「被害の意味づけ」，②対応すべき問題に優先順位をつけて具体的な解決方法を検討する「解決方法の検討」，③解決方法を実行するための「責任者への関係調整・環境調整の依頼」，そして，④「解決するまでの継続面談」があり，これらをワンストップで行えるところにSWrの専門性の発揮が期待されている旨を述べている．また，臨床心理の専門職である中川・杉原（2010）

は，被害を受けた者に対する心理援助の視点から対応の要点として，①現実の出来事とともに相談者の感受性の特徴の査定，②相談者の主体的な努力や意思決定の支持，③相談者が不安を克服できるようにするための支持，④日常への復帰の援助の4点を挙げている．他方，ハラスメントの加害者とされた相談者に関して，SWrである中澤（2017）は，大学で起こるハラスメントの架空事例を用いたSWrらへのインタビューから，ハラスメントの加害者のアセスメントや対応についてSWrが保有するとされる非審判的態度や高い人権意識について触れ，SWrが組織内のハラスメント防止に有用であることを論じている．また，ハラスメントに対応するSWrは，相談者の加害が疑義段階にもかかわらず，すでに加害があったという認識で臨むという相談への構えへの留意，加害者とされた相談者の怒りや否認などの感情や相談に訪れるためらいの気持ちを受け止める姿勢が適切な対応のポイントになることも指摘している．このようにハラスメント問題に対して専門性を十分に発揮した役割を果たすことの重要性が対人支援の様々な領域で認識されている．

　また，対人支援職のハラスメントについては，被害に関する研究もなされている．田中（2017）は，教育実習生が実習において，その約3パーセントがハラスメント被害を受けており，その比率は10年を経過しても変化がないことを明らかにしている．そして，この実態を踏まえて実習生への実習中のフォロー・ケア体制が重要であることを指摘している．また，松崎・吉村・原口ら（2013）は，理学療法士，作業療法士の実習におけるハラスメント被害に関する調査を行い，いずれの職種においても約半数がハラスメントと感じる場面に遭遇している実態を報告し，従来の徒弟的なものだけはなく，学習理論に則った適切な指導体制の検討が必要であると主張している．さらに藏根・玉木・比嘉ら（2014）は，精神看護実習においてセクシュアルハラスメントを受けた女子看護大学生の体験から，学生が周囲から指摘されるまでセクシュアルハラスメントの被害にあったことを認識できず，嫌悪感やショックを抱えたままになっているという実情を明らかにした．そして，ハラスメントを受けた学生のフォローが適切にできるよう，それらを取り上げられる実習生と指導者の関係の構築が必要であることを指摘している．また，ハラスメントに関する事前学習の重要性にも言及している．支援者が利用者からハラスメント被害を受けた場

合の被害者に対する支援に関しては，看護師である武用（2006）が患者からセクシュアルハラスメントを受けた看護師の職場復帰支援の事例について考察し，被害を受けた者への対応に関して，精神的苦痛に対するケアの必要性，段階を追った職場復帰支援，当事者を受け入れる職場側への環境調整が肝要になると指摘している．

　このように，先行研究では，対人支援職にハラスメント被害者から相談を持ち込まれた場合の対応のあり方や，対人支援職が現場で支援者が上司や利用者からハラスメント被害に遭った場合の対応や予防に関する教育の必要性について取り上げられてきている．しかし，前述したように，対人支援の専門職は，現場で，職場の上司や利用者からハラスメントの被害に遭うだけでなく，部下や利用者に加害行為をする場合もある．これも含めた対人支援場面で生じるハラスメントに関する対応や予防に関する研究は見当たらない．対人支援の専門職へのハラスメントに関する教育は，ハラスメント対応を巡る専門性の発揮とともに，被害者・加害者になることへの予防という意味も含め，専門活動上の倫理の課題として不可欠である．とりわけ SWr は，その活動に，成年後見などの権利擁護活動を担えることが期待され，社会運動も含め差別や偏見への問題意識と取組みも含まれている．また，「環境調整・関係調整」も主たる専門的業務の一つと位置付けられている．これらのことを考えると，SWr にはハラスメント問題に十分対応できる専門性が求められているといえ，その教育は重要である．

　社会福祉専門職養成の教育において「ハラスメント」は，SWr 養成の要件科目の一つである「社会理論と社会システム」において，教育に含むべき事項「具体的な社会問題」に想定される教育内容の例として盛り込まれている．しかし，これについて SWr の養成機関において具体的にどのような内容が教育されているかは明らかでなく，その課題についても明確になっていない．

　そこで本研究では，まずは現状の SWr 養成におけるハラスメントに関する教育の実情を明らかにし，それに基づいてハラスメント教育の課題について考察する．

2　方法

（1）研究協力者

SWr養成機関（大学，専門学校）で「社会理論と社会システム」に関する授業（科目名は不問）を担当している教員8名である．研究協力者の属性は，表1のとおりである．

（2）調査方法

筆者らがプライバシーを確保できる場所，または，オンラインにおいて，ハラスメント問題に関する授業の実情や課題等をガイドにした半構造化面接による個別インタビューを行った．なお，インタビュー内容については研究協力者の同意のもと，ICレコーダーに録音した．

（3）分析方法

収集したインタビューデータについては，質的記述的分析法（グレッグ，2016）を用いて分析した．

具体的な手順は次のとおりである．

インタビュー内容から逐語録を作成し，それを繰り返し読んで全体の文脈を把握した．その後，ハラスメント教育について語られた部分を研究協力者の表現を保ったまま取り出し，取り出した言葉の意味，内容を保ったまま簡潔な表

表1　研究協力者の属性

No.	所属教育機関種	教育歴	養成している専門職（資格）	
1	私立専門学校	18年	社会福祉士	精神保健福祉士
2	私立大学	17年	社会福祉士	精神保健福祉士
3	私立大学	11年	社会福祉士	精神保健福祉士
4	公立大学	5年	社会福祉士	精神保健福祉士
5	私立大学	11年	社会福祉士	
6	私立大学	4年	社会福祉士	
7	私立大学	1年	社会福祉士	
8	私立専門学校	7年	精神保健福祉士	精神保健福祉士

現に変換したものをコードとした．それらを比較検討しながら類似したものを統合して，その意味を適切に表現する名前を付け，サブカテゴリーを生成した．さらに，サブカテゴリーを比較検討しながら類似したものを統合できる場合にはカテゴリーとし，それを繰り返してさらに上位のカテゴリーを生成した．

（4）倫理的配慮

インタビューに当たって研究協力者には，研究の趣旨及び研究協力への承諾・中断の自由，プライバシーの厳守，インタビュー内容の録音とメモ，データの取扱い及び研究発表について口頭及び書面で説明し，同意を得た．

なお，本研究は，山形大学地域教育文化学部倫理審査委員会の承認を得ている（承認番号：R01-3）．

3　結果と考察

分析の結果，73個のコード，25個のサブカテゴリー，9個のカテゴリーが生成された．また，2個の中核カテゴリーも生成された．これら生成されたカテゴリーの関連は，結果図（図1）のとおりである．

以下，結果図に基づきSWr養成におけるハラスメントに関する教育の実情について，ストーリーラインとして記述していく．

なお，文中の〈　　〉はサブカテゴリー名，《　　》はカテゴリー名，【　　】は中核カテゴリー名である．

①決して高くない教員と学生双方のハラスメントに対する意識

ハラスメントについて教員は，自身の〈日常生活におけるハラスメント体験〉や〈FD（教職員対象の研修会）でのハラスメントに関する学習〉により，《知識等の必要性の実感》を持つようになる．また，受講生である学生が〈ひととおりの啓蒙教育を受講〉しているものの，〈ハラスメントへの対応力が乏しい〉状態にあり，〈実習中のハラスメント被害への教育が不可欠〉と感じ，学生の《実習中のハラスメント被害対応の脆弱さへの危機感》をいだく．

図1 ハラスメント教育の現状

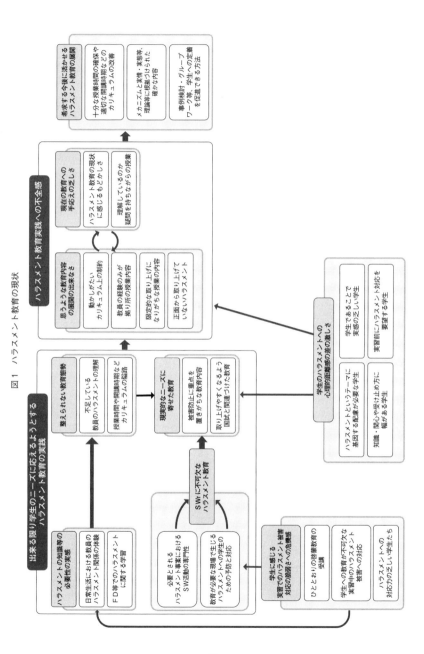

②ハラスメント教育の機会確保の困難さ

　こうしたことから《SWrへのハラスメント教育は不可欠》であると認識しながら，〈ハラスメント事案におけるSWr活動の専門性〉や〈現場で生じるハラスメントへの予防と対応〉について学習させたいと教育を実践する．ただ，それは〈教員自身がハラスメントの理解が不足〉していたり，社会福祉士，精神保健福祉士の国家試験の内容に関連の強い分野・事項に時間をかけなければならず，ハラスメントについて十分な時間を確保できない，実習直前など学生のニーズが高い時期に教えたいが，適切な時期に開講できないといった〈カリキュラム上の隘路〉があるといった《整えられない教育態勢》の下で，課題を感じながらのものとなっている．

③様々な学生への配慮が必要なことによる授業の難しさ

　受講する学生についても精神疾患やメンタルヘルス上の問題がある学生や過去にハラスメント被害を受けた可能性が認められる学生がいるといった〈ハラスメントというテーマに基因する配慮が必要な学生〉がいること，教育する前に学生にハラスメントに関する〈知識・関心や受け止め方に幅がある〉こと，ハラスメントが生じるような場面に遭遇することが少ないという〈学生であることでの実感の乏しさ〉があったり〈実習前のハラスメント被害への対応の要望〉があったりするという《学生のハラスメントへの心理的距離感の差の激しさ》があることで授業計画が難しいという課題も感じている．

④不全感を抱えながらも展開している学生のニーズに応える授業

　こうした状況で教員は，実習における学生の〈ハラスメント被害防止に重点を置きがち〉，すなわち，実習で学生が被害者の立場に置かれる場合を想定したものとなりがちであり，また，〈取り上げやすくなるよう国家試験と関連づけた教育〉というように《現実的なニーズに寄せた教育》になっている．このような状況を背景に教員は，【出来る限り学生のニーズに応えようとするハラスメント教育の実践】にあたっている．

　ただし，このような現状に対しては，〈動かしがたいカリキュラム上の制約〉，自身が見聞，あるいは，体験したハラスメントといった〈教員の経験のみが拠

り所の授業内容〉，ジェンダーや労使問題といった教員の研究分野の一課題として〈限定的に取り上げがちな授業内容〉，学生が被害に遭う場合のみを想定し，加害者になる懸念や，当事者間の調整や問題解決の担い手としての SWr の果たす役割，そしてその前提となるハラスメントの原因等といった課題について〈正面から取り上げられていない〉という《思うような教育内容の展開のできなさ》を持っている．また，そうした実践であることで〈もどかしさ〉を感じたり，〈学生がどの程度理解しているのか疑問を持ちながらの授業〉となったりしており，〈現在の教育への手応えの乏しさ〉も感じている．総じて教員は【ハラスメント教育実践への不全感】を抱えながら教育にあたっている．

⑤さらに充実させたい授業

そして，ハラスメント教育に当てられる授業時間数を 1 ～ 3 時限程度に増やしたり，授業の配置を学生のニーズが高まる実習前にしたりするといった〈カリキュラムの改善〉，確固とした知識や専門的知見に基づいた〈ハラスメントのメカニズムと実情・実態等，理論等に根拠づけられた確かな内容〉といった授業の充実，〈事例検討やグループワーク等，学生への定着を促進できる方法〉といった《希求する今後に活かせるハラスメント教育の展開》の実現を望んでいる．

4　総合考察

（1）ハラスメント教育を巡る課題

3 で明らかになったソーシャルワーカー養成におけるハラスメント教育の実情から，現状のハラスメント教育を巡る課題について考察したところ，以下の3 点が認められた．

一つ目は，担当教員のハラスメントに関する知識や専門的知見が必ずしも十分ではないことである．

本研究の研究協力者の教員のハラスメント教育に関する基盤は，自身の身の回りで惹起した加害や被害，対応の経験によっているところがある．特に，学生が実習で遭ったハラスメント被害への対応や職場等で体験・見聞したハラス

メント事案が拠り所になっている場合が多く，授業の内容が社会福祉実習における実習生のハラスメント被害への予防と対応に偏りがちになっているところがみられた．先に触れたように，社会福祉実践の場に現れるハラスメントの事象は，利用当事者間によるもの，SWr による利用者に対するもの（SWr は加害），利用者による SWr に対するもの（SWr は被害）に大別されるが，教員の経験によって取り上げ方の比重が異なったり，場合によっては全く取り上げられなかったりしており，実際に生じ得る事象を網羅した教育が十分になされていないところがある．

　二つ目は，ハラスメントというテーマのために受講する学生の心理面への影響に対する配慮を要することから授業内容等の定め方に関する苦慮が大きいことである．

　ハラスメントは，社会福祉実践の場でなくとも，家庭や教育の場でも起こりうる身近な問題である．そのため，受講している学生が，これまでの生活で何かしらのハラスメントや，いじめ等のそれに類する行為の被害に遇っていることが少なくない．こうした学生に改めて授業でハラスメントを取り上げることは，精神的な古傷の痛みを再発させることになる懸念がある．ハラスメントに限らず，不登校やいじめの問題，DV，PTSD など学生が経験し得る事象も同様であるが，ハラスメント教育にあたっては，こうした学生への心理面に対する影響への配慮が不可欠であり，そのことで授業の内容や深度に対する苦慮が大きくなっていた．

　三つ目は，授業時間の確保が難しいということである．

　研究協力者が所属する教育機関では，対象とした社会福祉の専門職を計画的に養成することを目的として，カリキュラムもそれを満たす構成となっている．そして，その内容は，専門職への第一段階である資格試験の通過を意識せざるを得ないところがある．ハラスメントは，「社会理論と社会システム」の教育内容の例として盛り込まれている．しかし，授業で取り上げる項目が多岐にわたること，しかも国家試験での出題率が高い項目に授業時間を割きがちであることなどから，現状では，出題率がけっして高いとは言えないハラスメントに関する事項を取り上げる十分な授業時間を確保できないでいる．

(2) 今後のハラスメント教育の充実への示唆

　既述した課題から，今後のハラスメント教育の充実には，次の2点の検討が必要であると示唆された．

①教育内容について

　ハラスメントは対応する場面が異なれば，取り得る役割も異なる．社会福祉実践の場では，様々な場面に遭遇する可能性がある．そのため，SWrは，いずれの場面でも適切に役割を果たせるよう，ハラスメントに関して網羅的に理解しておく必要がある．ハラスメント教育に関してはこれらを前提にした教育が不可欠であり，充実した授業にするために，まずは教授する側の教員がハラスメント全般に対する理解を深めておくことが必要である．そして，そのためには，授業の素材として使用可能な研究成果に基づいた総合的知見の集積が求められる．特に「学生が被害に遇うこと」に偏りがちな教育の現状を踏まえて，SWrが加害者になるおそれがあることや，当事者間の調整の担い手を期待される面があること，そして，そこにおける適切な実践に必要な知見と技能を踏まえてSWrが専門的役割・機能を果たせるような内容を充実させることが望まれる．さらには，冒頭で触れたようにハラスメントの種類は増え続けている．これは，ハラスメントが行為する側とされる側の関係性の上に成り立っているところが大きい事象であり，社会的な動き（法制度や報道等）と連動している面が大きいことによる．そのため，教育にあたっては，ハラスメントを巡る状況が常に変化していることを踏まえて，様々なハラスメント行為に関心を払いながら，実際のハラスメント事例の分析を踏まえるなどして，教育内容を現状に適合させたものにしていく検討が必要である．

　また，利用者から支援者に対するハラスメントを巡っては，加害行為自体は，容認されるものではなく，ハラスメント行為に関して厳格な枠を設定し指導する必要がある．しかし，その一方で，利用者がハラスメント行為に及んだ心情等については，支援者として考察した上の対応が必要となる．このような利用者が加害，支援者が被害というハラスメントに対しては，この一見相容れないような事象への対応という視点が必要となる状況における活動のあり方についても学習内容として取り入れる必要がある．

②カリキュラム編成・教育方法について

　ハラスメントに関しては，基本的人権の問題として押さえておく必要があるのと同時に，特に養成機関においては，学生が実習に臨むにあたってのガイダンス的な意味合いを持つ教育も必要である．そのため，ハラスメントを取り上げる回など授業の配置・構成は，内容によっては実習開始直前など，学生の動機や関心を考慮して適切な時期に実施することが適当であり，授業の実施についてカリキュラムの編成上の工夫が望まれる．また，ハラスメントというテーマの特質を踏まえた上で学生への心理面への影響を考慮した授業の内容や方法の構築も必要である．

　また，カリキュラムについては，ハラスメントを軸にしたものにすることも考えられる．ハラスメントについては，高齢者福祉，児童福祉といった各領域における一つのトピックとして様々な授業科目の中で取り上げられている．そのため教員によって内容等に小さくないばらつきが生じているところが認められる．例えば，教員の専門（研究テーマ）がジェンダー学であればセクハラ，教育社会学であれば教師生徒間のハラスメント，実習指導であれば，実習での実習生の被害に関することというように，ハラスメントは，教員の専門分野のトピックの一つとして，専門分野に寄せた形で取り上げられる傾向がある．そのため，学生は，ハラスメントの各論を教えられているというようなことになっている．本来，ハラスメントについては，総論があり，各論として，児童や高齢者等々の各分野の特徴から起きやすいハラスメントやその対処について教育がなされることが望ましい．すなわち，「ハラスメント」を軸にし，各領域でのハラスメントを各論にするようなカリキュラム構成による教育が必要であると考える．

5　今後の課題

　社会福祉実践の現場で，支援者が遭遇することが少なくなく，かつ，専門性の発揮が求められるハラスメントに関して，ソーシャルワーカー養成においてその教育の実情が解明されたところがあり，それに基づいて具体的な課題と今後に向けた示唆についても具体的に検討することができた．

　ただし，本研究は，研究協力者が8名とけっして十分ではなく，一般化することは難しいところがある．今後はさらに研究協力者を増やすなどしてより詳細な調査結果に基づいて検討を重ねる必要がある．

　また，本研究によって示唆された課題を踏まえたよりよい授業とはどのようなものかということについての検討も必要である．しかし，本研究では，その具体的な内容を検討するための情報は十分に得られなかった．今後は，ハラスメント事例の詳細な分析や，実際に行われているハラスメント教育のシラバス等，事情を収集した上で，授業計画・授業案を作成し試行するなどして，教育現場におけるハラスメント教育の具体的な実践のあり方を提供してきたいと考えている．

［謝辞］
　本研究の趣旨を理解し，ご協力いただいた研究協力者の皆様に深く感謝申し上げます．
　本研究は，JSPS科研費（18K02137）の助成を受けたものです．

［付記］
　本論文は，日本司法福祉学会オンライン研究集会（2021年）において発表したものに大幅に加筆・修正したものである．

［引用・参考文献］
武用百合（2006）「患者からセクシュアル・ハラスメントを受けた看護師の職場復帰支援についての一考察－リエゾン精神専門看護師の実践から－」『和歌山県立医科大学保健看護学紀要』2，51-58
グレッグ美鈴編著(2016)『よくわかる質的研究の進め方・まとめ方 看護研究のエキスパートをめざして 第2版』医歯薬出版
警察庁生活安全局生活安全企画課・刑事局捜査第一課（2021）『令和2年におけるストーカー事案及び配偶者からの暴力事案等への対応状況について（詳細版）』https://www.npa.go.jp/bureau/safetylife/stalker/R2_STDVkouhousiryou.pdf（参照日：2021年3月27日）
北仲千里・横山美栄子(2017)『アカデミック・ハラスメントの解決 大学の常識を問い直す』寿郎社
厚生労働省（2021）『明るい職場応援団』https://www.no-harassment.mhlw.go.jp/

foundation/statistics/（参照日：2021 年 3 月 27 日）

厚生労働省老健局高齢者支援課（2020）『令和元年度「高齢者虐待の防止，高齢者の養護者に対する支援等に関する法律」に基づく対応状況等に関する調査結果』
https://www.mhlw.go.jp/content/12304250/000708459.pdf
（参照日：2021 年 4 月 11 日）

厚生労働省社会・援護局 障害保健福祉部障害福祉課地域生活支援推進室（2021）『令和元年度「障害者虐待の防止，障害者の養護者に対する支援等に関する法律」に基づく対応状況等に関する調査結果報告書』https://www.mhlw.go.jp/content/12203000/000759345.pdf
（参照日：2021 年 4 月 11 日）

藏根麗奈・玉木佑奈・比嘉あずさ・野原理沙・下地貴恵・平上久美子・鈴木啓子（2014）「精神看護実習においてセクシュアル・ハラスメント」を受けた女子看護大学生の体験」『日本看護研究学会雑誌』37（3），338

松崎秀隆・吉村美香・原口健三・満留昭久（2013）「臨床実習で学生が感じるハラスメント：PT・OT 学生に対する質問紙による実態調査」『理学療法学』41（2），121

三菱総合研究所（2019）『介護現場におけるハラスメントに関する調査研究報』https://www.mhlw.go.jp/content/12305000/000532738.pdf（参照日：2021 年 3 月 27 日）

中川純子・杉原保史（2010）「ハラスメント相談における心理援助の専門的視点の意義について」『心理臨床学研究』28（3），313-323

中澤未美子（2018）「ソーシャルワーカーは「ハラスメントの加害者とされた相談者」のアセスメントをどのようにおこなっているか？——アカデミック・ハラスメントの架空事例を用いたインタビューを通して」『中部社会福祉学研究』（9），45-54

田中裕（2017）「教育実習におけるセクシュアル・ハラスメントの実態と防止対策——教育実習生対象調査報告」『日本教育学会大会研究発表要項』75，258-260

矯正施設における高齢者・障がい者ソーシャルワークの困難性対処に関する研究

——刑務所, 少年院のソーシャルワーカーを対象とした調査の質的分析から

Coping Mechanisms of Social Workers who Work with Elderly and Disabled Persons at Correctional

Facilities: Qualitative Analysis of Social Workers in Penal Institutions and Juvenile Training Schools

中村秀郷[*]

1 問題意識

　矯正施設では高齢者・障がい者である入所者の福祉的支援のため, 社会福祉士, 精神保健福祉士等が福祉職として配置されている. 2004 (平成16) 年度から全国2庁の医療刑務所に精神保健福祉士が配置されたことを皮切りに, 2007 (平成19) 年度から全国8庁の刑事施設に社会福祉士が配置された (法務総合研究所 2012: 277, 深谷 2013: 128). また, 平成21年4月1日付け矯正局総務課長・成人矯正課長連名通知「精神保健福祉士及び社会福祉士の配置について」が発出され, 非常勤職員として精神保健福祉士を8庁, 社会福祉士を62庁の刑事施設で採用することとなった (若狭: 2010: 171). そして, 2009 (平成21) 年度から地域生活定着支援事業 (現, 地域生活定着促進事業) の開始に伴って本格的に福祉職の配置が進み, 2014 (平成26) 年度から常勤職員である福祉専門官の配置が始まった (田畑 2016: 15).

　このように矯正施設のソーシャルワークは徐々に手厚い人員配置になっているが, 支援ニーズがある入所者の量的問題, ニーズ内容からして十分な支援体

[*]西南学院大学人間科学部講師 (前法務省名古屋保護観察所)

制には程遠く，様々な実践的課題が指摘されている．近年，福祉職による現場からの報告も見られるようになり，桑原（2014, 2016）は男子刑務所，天宮（2016）は少年院の支援の現状と課題について実践報告をしている．他にも河合（2018）は男子刑務所，堀田（2018）は医療刑務所，竹村（2016）は女子刑務所，池知（2017）は少年院の支援についてその一端を報告している．矯正施設の福祉職を対象とした調査研究には島谷（2009）及び朴（2018）によるインタビュー調査，鷲野（2018）による質問紙調査などがあり，矯正施設で支援が必要な高齢者・障がい者の現状，福祉職の立ち位置・抱える問題・課題の一端が示されている．さらに中村（2021）は，福祉職自身の語りから12個の困難性概念を生成し，概念間の関係性から〈ソーシャルワークができない葛藤〉，〈矯正への苦慮〉，〈クライエントの言動への困惑〉，〈矯正施設出所に向けた地域調整への焦り〉，〈支援の行き詰まり〉の5つのカテゴリーに収斂している．

　福祉職が直面する困難性対処については，支援課題が解決した前述の実践報告等によってその一端が示されている．しかしながら，これまで福祉職自身の語りから矯正施設のソーシャルワークで直面する困難性対処について分析し，考察した研究はなく，対処プロセスの構造化はなされていない．福祉職が困難性に直面した状態は効果的なソーシャルワーク実践に支障が生じている状態といえ，この改善には困難性を軽減すること，つまり，困難性への対処が不可欠と考えられる．このような問題意識に基づき，本稿では矯正施設の福祉職に焦点を当て，矯正施設における高齢者・障がい者ソーシャルワークで直面する困難性への対処プロセスについて考察していきたい．

　なお，筆者は刑事司法領域のソーシャルワーカーが直面する困難性及び対処プロセスに関して，他に保護観察官，地域生活定着支援センター職員などを対象に本研究と同様のテーマ，分析手法による発表を行っている（中村 2019, 2020a など）．そのため，「3　研究の方法」「4　結果と考察」を中心に共通する事項（概念，カテゴリー，結論など）の記述は概ね中村（2019, 2020a）などから引用・参照していること，及び「3　研究の方法」のデータ収集方法，分析方法，分析手順，分析に対する質の確保などの詳細は既発表論文（中村 2019, 2020a）によることをお断りしておく．

2　研究目的

　本研究の目的は矯正施設の福祉職が高齢者・障がい者ソーシャルワークで直面する困難性への対処プロセスの構造・展開を明らかにし，その実態を体系的に整理することである．

3　研究の方法

（1）調査対象者（研究協力者）

　研究協力者は矯正施設の福祉職 10 名（元福祉職含む）であった．属性に関しては，年齢は 30 代 3 名，40 代 4 名，50 代 3 名，従事年数は 1 年，3 年，5 年，7 年，8 年，9 年が各 1 名，4 年及び 10 年が各 2 名であった（* 従事年数 1 年未満は切り上げ，複数施設の勤務経験者は 3 名おり合算）．

（2）調査実施期間

　2018（平成 30）年 3 月から 2020（令和 2）年 12 月であった．

（3）データ収集方法

　研究協力者の属性（年齢，性別，ソーシャルワーク経験及び矯正施設の福祉職の従事年数等）を確認し，1 名あたり 30 分から 90 分程度の個別インタビュー及びフォーカスグループインタビューによる半構造化面接を実施した．インタビュー内容は，矯正施設のソーシャルワークの「支援の実際」「困難性」「困難性対処」「支援観・援助観」など幅広く聴き取りを行った．

（4）倫理的配慮

　研究協力者には，文書及び口頭により，研究の趣旨，個人情報の扱い，研究成果の公表等について説明を行い，同意書に署名を得てインタビューを実施した．本研究は日本福祉大学大学院「人を対象とする研究」に関する倫理審査委員会の審査・承認を得た（申請番号 15-005 及び 17-001）．

（5）分析方法

　本研究では，調査データの分析方法はグラウンデッド・セオリー・アプローチ（Grounded Theory Approach）の修正版である修正版グラウンデッド・セオリー・アプローチ（Modified Grounded Theory Approach〔以下，M-GTA〕）を用いた（木下 1999, 2003, 2007, 2014）．

（6）データの説明

　本研究では 10 名のデータを分析対象とし，困難性（中村 2021）で分析に用いた 9 名は重複し，中村（2021）では聴き取ったデータのうち「困難性」に関する箇所を用い，本研究では「対処プロセス」に関する箇所を用いている．また，一部追加調査に加え，新たに福祉職 1 名を対象にインタビュー調査を実施し，データを追加収集した．

　木下（2003: 228-9）は，一つの研究から最低二つの論文を書くこと，つまり，第一論文に関連させて新たな分析テーマを設定し，二つ目の論文を執筆することを推奨している．M-GTA による分析結果はコンパクトな内容であり，大きな結論までを目標とするのではなく，小さくても緻密な分析結果を重視している．この点，木下（2003: 228-9）はさらに次のように続けている．「まず，最初の論文を完成させる．そのときに，第一論文で活用しきらなかった，あるいは，データとの確認作業が十分でききっていない概念やカテゴリーが残されている．これは先に述べた理論的飽和化への方法論的限定の結果でもある．そこで，第一論文に関連させて新たな分析テーマを設定し，二つ目の論文に向けた分析を始める．新たに分析テーマを設定し，同じ進め方で分析を行う．どのようなデータを追加収集すべきかについても同様に判断する．これが第二論文へのひとつの進め方である．」．

　本研究ではこの点に留意し，新たな分析テーマとして「矯正施設の福祉職が高齢者・障がい者ソーシャルワークで直面する困難性への対処プロセス」を設定したものである．なお，分析焦点者は引き続き「矯正施設の福祉職」と設定した．

4　結果と考察

　本研究では，M-GTA の分析結果から 13 個の困難性への対処プロセス概念が生成し，概念間の関係性から 6 つのカテゴリーに収斂された（表1）．そして，

表 1　矯正施設の福祉職が高齢者・障がい者ソーシャルワークで直面する困難性への対処プロセス
　　　カテゴリー及び概念一覧

カテゴリー	概念	定義
〈1．矯正施設の福祉職としてのアイデンティティーの意識〉	〔ウェルビーイングへの願い〕	クライエントのウェルビーイングのために，それを阻害する犯罪に至らせないよう生活課題の解決を目指す姿勢
	〔フロンティアスピリッツ〕	矯正の福祉職導入の黎明期から，福祉への架け橋の役割を担っていることを意識することで前向きな思考に変容すること
〈2．支援関係の醸成〉	〔対象者主体の思考〕	支援を展開するにあたって，常にクライエント中心の視点を尊重する姿勢．
	〔状況の変化を待つ〕	クライエントと一定の距離感を保って接することを意識し，支援を拒否された場合でも，その場で解決を図ることなく，クライエントの意識や行動の変化を見守る姿勢
〈3．矯正施設内の支援体制構築の姿勢〉	〔矯正の枠組みを理解する〕	矯正の福祉職としての自らの立ち位置を理解し，矯正の枠組みの中で福祉を実践しようとする姿勢．
	〔周囲を巻き込む〕	矯正の福祉職が，職場内において刑務官，法務教官等の上司や同僚などの周囲を巻き込み，クライエントの課題解決を目指す姿勢
〈4．連携の醸成〉	〔関係機関を理解する〕	関係機関の立場や役割を尊重しつつ，現状の理解及び支援の協力を求める姿勢
	〔関係機関の協力を得る〕	支援困難な状況に直面した際，関係機関の協力を得て問題解決を試みること．
〈5.ピアの支持的支援〉	〔仲間に相談する〕	一人で悩みを抱えるのではなく，職場の同僚・上司や関係機関の仲間等に現状や抱えている課題などを相談し，助言してもらうこと
	〔チーム力活用〕	所属組織をはじめ関係機関と連携して協働態勢の下，仲間の協力を得ながら支援を充実させることで困難性に対処すること
〈6．支援の展望化〉	〔蓄積された経験〕	これまで蓄積されてきた経験・ノウハウ等により困難な状況を解決したり，所属組織内部で情報共有して各自の支援場面で活かすことで困難性に対処すること
	〔発想イメージ化〕	支援方法や対処方法，今後の理想的な展開を具体的にイメージすることで，自身の感情を落ち着かせて前向きな思考に変容すること
	〔認知変容〕	困難な状況に直面し，心理的ストレスを抱えた際，現実を受け入れたり，開き直りや割り切った考えをして，自身の感情を落ち着かせて前向きな思考に変容すること

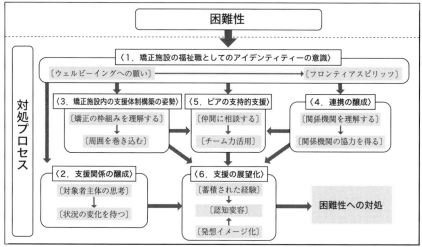

図1 結果図 矯正施設の福祉職が高齢者・障がい者ソーシャルワークで直面する困難性への対処プロセス

これらの対処プロセスのカテゴリー，概念を結合させた結果図にまとめた（図1）．以下，ストーリーラインを示し，分析結果の記述及び考察を行うが，カテゴリーは〈 〉，概念は〔 〕，表記のAからJは研究協力者，**は筆者，数字は研究協力者ごとの逐語データの発言番号を表すものとする．また，概念〔矯正の枠組みを理解する〕の分析ワークシートを図2に示す．

　矯正施設の福祉職が高齢者・障がい者ソーシャルワークで直面する困難性への対処プロセスは，6つのカテゴリー及び包含する13個の概念の動きで説明することができる（図1）．福祉職は，ソーシャルワークの理念である〔ウェルビーイングへの願い〕，福祉への架け橋を黎明期から担ってきた〔フロンティアスピリッツ〕を包含する〈1. 矯正施設の福祉職としてのアイデンティティーの意識〉を内面に強く抱くことで困難性の軽減に導いていた．福祉職は支援過程で困難性を感じた際，〔対象者主体の思考〕を意識したアプローチを行い，〔状況の変化を待つ〕見守りの姿勢により，ソーシャルワークで基本的な〈2. 支援関係の醸成〉に繋げていた．また，福祉職は日頃から〔矯正の枠組みの理解〕に努め，刑務官・法務教官等の上司や同僚など，〔周囲を巻き込む〕ことで課題解決に繋げていた．これが〈3. 矯正施設内の支援体制構築の

分析ワークシート	
概念名5	矯正の枠組みを理解する
定義	矯正の福祉職としての自らの立ち位置を理解し，矯正の枠組みの中で福祉を実践しようとする姿勢．
ヴァリエーション	
366	A：個人情報を出すとかって，かなりの厳戒態勢なので，そのへんをじゃあ，何のためにどうして，どういうやり方でやるか，みたいなところを上手くやれれば，結局は出せるんですよ．なので，そのへんが真面目にバチバチいっちゃうような感じじゃと難しいから，本当に柔軟に「「駄目」と言われたら，じゃあ違う方法を考えよう」みたいなタイプじゃないと，きっと大変かなとは思いますね．
18	C：そうですね．例えばになりますけど，療育手帳の判定を受けることになりました．窓口として日程調整しました．だけども，日程調整この日が空いてるから受けますだけじゃなくて，それをちゃんと管理の先生にお伝えして担任の先生の時間枠をてもらったりとか，そういう院内での調整もしなきゃいけない，逆になぜこの子に療育手帳の判定が必要なのかってことを説明してもらうことも必要ってことで，矯正施設のことも知らなきゃいけないし，福祉のことも説明できるようにならなきゃいけないっていうので両方の通訳にならなきゃいけないなとは思いました．
178	C：基本的に私は言われた中とか許された中でやるもんだと思うし．その許されてるっていうのは最終的に自分自身を守ってくれたりとか，組織守ってくれたり，少年を守ってくれるっていう意味もあるし，引き受けてくれる福祉施設を守ってくれるっていう意味もあるっていうのは私は受け止めてるので．ですから，そこは筋が通ってればいいのかなって思います．
296	C：まず矯正ありきってことを理解しなきゃいけないと思います．福祉が一番じゃなくて矯正施設の中でできること，やれることっていうのは限られてて，やっぱり矯正の第一目的っていうのは安全に収容すること，逃がさないこと，自殺させないこと，いろいろありますけども，自分たちが鍵を持たせてもらってる意味とか預けてもらってる意味っていうのはやっぱり自覚しなきゃいけないな．（中略）そこに入り込むっていう覚悟は必要かなって思う．（中略）
142	D：っていうのはありますね．その物事を受け入れたりとか，限られた枠組みの中でやっていかないといけないので．
146	D：本当は「仕方ない」って思いたくないんですけど，そこにこだわってると，本来こだわるべきものはそこじゃないと思うので．
451	D：矯正っていう場所に福祉が入ってるわけではない，矯正っていう大枠の中に福祉があるわけなので，ということは矯正は矯正で，福祉も今までの歴史があるように，矯正にも歴史があるので，それを突然覆したりとかするのは難しいことだと思うんです．なので，「そういった場所に入ってる」っていう，割り切りを持っていることかな．
455	D：社会変革で枠組みを知らないよね．
457	D：うん，駄目かな．駄目ってことはないんでしょうけど，枠組みを分かんないと物は言えないかな．
4	F：矯正の中で，福祉視点という視点を持っている人間がいるということを前提に，福祉の倫理観ですとか，ソーシャルワークを矯正の方に邪魔にならないような範囲において実践するということを目標にやってます．
12	F：根本的には違うというのは生じない，生じてはいけないと思っておりますが，社会の感覚と矯正の中では閉鎖性というところは全然違いますので，「自分がやれることをそのままやれるわけではない」という前提はあると思い．
90	F：社会でやれることを矯正の中でやれると思って入ってきた人は，夢砕けて辞めていくんじゃないかなと思います．
92	F：最初からできないと思って，この業界に入るべきだと思う．
94	F：一つ，もう，大前提として外の感覚で中に入ってきた人はちょっとやっぱり続かなさそうですね．
96	F：あとは，やはり管区研修でも言っているんですけど，「自分はおまけなんだ」と．
97	**：刑務官あっての福祉職員．
98	F：それはもう大前提です．
99	**：それはやっぱり理解できない．
100	F：人は，この業界では続きにくいと思います．自分がソーシャルワークがメインなんて思ったらやれないと思う．管区研修でも「いや，そんなことないですよ」って言ってくださるんですけど，職員の働いてる規模，割合からしても，この矯正っていうのは保安がやっぱり第一なので．
102	F：はい．もう，保安があって，それは国民の方も望んでいることなので，そういう場所だと思うので．そういう場所に自分がアウェーに行くんだという覚悟が必要だと思います．
283	F：はい．矯正の施設は，社会ではない．あくまでも，時代が変わっても，閉ざされた空間であるということは大前提なので，その理解がないと，まずやっていくのは難しいですね．普通の社会に入っても，もちろん色んなトラブルって起こると思うんですけど，矯正の場合は，規則，上下関係も厳しいですし．
285	F：が，もう徹底してますから，ソーシャルワークといえども，そこの理解がないと「何でもできる」なんていうことはやっぱりなくてですね．まず，入ってきた人間が施設内を歩くことも大丈夫かっていうことも試されると思います．行事でもなんでも，受刑者，少年と会う時に，変なことをしてないか，安心してここの職員として任せてて大丈夫かっていうことは見られると思います．ですので，矯正の考える，「矯正の人間になれ」とは言わないですけど，矯正から見て安心できる人間であり，「この人だったら大丈夫」，一人で歩かせても，何かあった時，緊急事態が生じても，「とっさの判断を誤らないだろうな」という水準までのぼってないと，ソーシャルワークはできないだろうと，大前提ですね．
436	G：二番手．刑務所の文化も知る必要があります．
440	G：歩み寄らなきゃいけないので，それは私，初等科行って良かったんですよ，だから，
444	G：私，男子と行ったんですけど，「こういうことをするんだ」とか，「こういう発言が出ちゃうんだな」とか，この人たちのキャラクターじゃないんだということが分かったので，
446	G：だから別にその人たちにいろいろ言われたとしても，その人が「刑務官の誰々さんが，どう」って思うわけじゃなくて，こういう文化なんだなというのは，
126	J：まず，刑務所が，どういう文化的な背景が，どういう基準で動いてるのかっていうことを理解してから福祉の話をしないと，絶対，話が通じないので，まず刑務所の原則を理解をするっていうことから始めないとダメだと．
127	**：「福祉福祉」だけじゃダメ．
128	J：ダメですね．絶対それは失敗しますよ．向こうが言ってる原則がいろいろありますから，それを踏まえた上でできる範囲内のところからやっていくっていうことだと思いますね．
130	J：あくまでも，向こうの文化を崩そうとか，向こうのやり方を否定するっていうやり方で入ると，必ず失敗すると思います．
	（以下省略）
理論的メモ	
	・矯正の福祉職が自らの立ち位置を理解し，矯正の枠組みの中で福祉を実践する姿勢でいる点を中心にまとめた．
	・矯正の福祉職は矯正の枠組みをどのように捉えているのか．
	・矯正の枠組みはソーシャルワークにどのような影響を与えているのか．
対局例	
400	E：忘れがちな視点というのは，矯正のための福祉になってしまうというところはいけないというところは忘れないようにはしていて，そのために，全体のスーパーバイザーに話を聞いてもらたりとか，例えば，精神疾患の方が多かったんですけども，精神科のドクターと本当にそういったことについて話をしたりだとかって，矯正ありきではない，その人のための福祉っていうところの視点は持てていたと思います．福祉にどうやって持ってくるかっていうところは意識してはいましたね．
225	F：そうですね．矯正の中で上手くやれてるんだったら，それはそれで全然いいと思うんですよ．要は，やれてない人，私もこの10年間で10人ぐらいを見送ってますけど，辞めていってますけど，福祉職の人が辞めてますけど，一応，使命を持ってこの業界に来てる方が辞めていかざるをえないという現状は，すごく首を捻りたいというふうには，正直思っているんですよ．

図2　分析ワークシートの例（対処プロセス）

姿勢〉である．福祉職は矯正施設入所者の地域生活移行に向けて，地域の〔関係機関を理解〕することに努め，〔関係機関の協力を得て〕地域の支援態勢を構築していた．これが〈4. 連携の醸成〉である．そして，一人で悩みを抱えるのではなく，〔仲間に相談〕し，状況によっては所属組織をはじめ関係機関と連携して協働態勢の下，〔チーム力活用〕によるアプローチを実践していた．これが〈5. ピアの支持的支援〉である．そして，福祉職自身が〈6. 支援の展望化〉をすることで困難性に対処していた．行動面では〔蓄積された経験〕，意識面では〔発想イメージ化〕をして，現実の受容，開き直りなど〔認知変容〕に繋げることで前向きな思考に変容していた．これにより福祉職は，矯正施設のソーシャルワークに支障をきたしていた困難性を抱えた状態から抜け出していた．

（1）〈矯正施設の福祉職としてのアイデンティティーの意識〉

　福祉職は困難性に直面した際，ソーシャルワークの理念であるクライエントのウェルビーイングを願い，福祉職導入の黎明期から司法と福祉の架け橋の役割を担っていることを強く意識し，前向きな思考に変容することで困難性を軽減していた．この動きによる対処プロセスは，〔ウェルビーイングへの願い〕〔フロンティアスピリッツ〕の各概念から成立する〈矯正施設の福祉職としてのアイデンティティーの意識〉というカテゴリーで説明することができる．

　「D4:（中略）受刑者であるとか，罪を犯した人であるとか，そういったことを思わないで，同じ「人」として，（中略）その障がい者の支援．高齢者だったら高齢者の支援．この人たちが出所した後に行くべき場所，行き場っていうのを探していこうっていうふうに思って．なので，人として見て，支援をしてました．」などの語りからは〔ウェルビーイングへの願い〕という概念が生成された．「F221-3: 使命感ですよね．使命感が，どんな嫌な思いをしても「やらなければ」と．元々，少年院や刑務所に入ってる人は，社会での福祉の陽の目が当たらなかった．元々福祉が入っていれば，こちらに来なかったっていう人も多いので．それは福祉の人間の責任でもあるとやっぱり思いますから．その人たちが，たまたまこっちに送られている．じゃあ，その人たちのお守りをするというか，やるのはもう，当たり前だし．刑務官だけには任せられない．」

などの語りからは〔フロンティアスピリッツ〕という概念が生成された.

堀田（2018）は矯正施設入所者の支援について「支援のバトンを社会へつなぐ」「対象者とどうかかわるか」「福祉専門官の役割」に整理している. そして, 福祉支援のマニュアル, 実績, 経験のある福祉関係の上司も存在しないことから, 業務の責任の重さを実感しながら日々実践をしていると報告している. このような矯正施設の職場環境で醸成された高い意識面は〔フロンティアスピリッツ〕に繋がり,〈矯正施設の福祉職としてのアイデンティティーの意識〉を裏付けている.

(2) 〈支援関係の醸成〉

福祉職は支援過程において, 対象者との関係構築による困難性への対処の動きをしている. 対象者が福祉職に対して信頼を寄せた時, その支援を受け入れるようになるといえ, 対象者との間に信頼関係を形成する姿勢が重要と考えられる. この動きによる対処プロセスは,〔対象者主体の思考〕〔状況の変化を待つ〕の各概念から成立する〈支援関係の醸成〉というカテゴリーに収斂された.

「B6:（中略）今まで少年院に入るまでの過程を見るとすごい,（中略）家庭の事情とか社会での居場所がなかったりとかで, すごい辛い思いしてきたっていうのがあるので. ここを出てからの再スタートの際にはもう, 自分らしく生活できるようになってほしいと思うので, ここにいる間にできる限りのサポートをしてあげれたらなと思ってます.」などの語りからは〔対象者主体の思考〕という概念が生成された.「A210-2: 結局, 誰かに介入されるというのを,「監視される」っていうふうに思われる方も結構多くて.「ほんなら私, いいです」って言って連絡も取れない. 子どもさんを頼ります, みたいな. 何かその場しのぎの回答ばっかりして,「要りません」って言う人がいますね. ただ, 福祉職の方としては, そこで終わりにはせずに保留にしておいて, そのリストからは外さずに,（中略）タイミングを見て, 私だったり, その保護担当の刑務官からアプローチして, 引っかかりそうだったら拾い上げるみたいな感じですかね.」などの語りからは〔状況の変化を待つ〕という概念が生成された.

河合（2018:117-8）は「一人の生活者としての当たり前の気持ち」に寄り添いながら本人の思いを代弁し, 権利を擁護していくことの重要性を指摘し, 堀田

（2018:138）は刑務所の社会福祉士にとって対象者の権利擁護は大事な業務の一つと指摘している．このような福祉職のソーシャルワーク実践における権利擁護の視点は〔対象者主体の思考〕に繋がり，〈支援関係の醸成〉を裏付けている．

（3）〈矯正施設内の支援体制構築の姿勢〉

矯正施設の職員配置は，刑事施設は刑務官，少年院は法務教官が大半を占め，福祉職は各施設1名から3名程度の配置でその歴史も浅く，矯正施設の中で支援を実践するには日頃から対象者と接する刑務官・法務教官の協力が欠かせない．そのため，福祉職は日頃から矯正施設における自身の立ち位置を意識し，職場内で協力者を探し，協力を得ることで困難性に対処していた．この動きによる対処プロセスは，〔矯正の枠組みを理解する〕〔周囲を巻き込む〕の各概念から成立する〈矯正施設内の支援体制構築の姿勢〉というカテゴリーで説明することができる．

「C296: まず矯正ありきってことを理解しなきゃいけないと思います．福祉が一番じゃなくて矯正施設の中でできること，やれることっていうのは限られてて．やっぱり矯正の第一目的っていうのは安全に収容すること，逃がさないこと．自殺させないこと．いろいろありますけども．自分たちが鍵を持たせてもらってる意味とか預けてもらってる意味っていうのはやっぱり自覚しなきゃいけないな．（中略）そこに入り込むっていう覚悟は必要かなって思う．（中略）」などの語りからは〔矯正の枠組みを理解する〕という概念が生成された．「E320-2: フォローアップはしてもらいましたね．面談の後に，どうだったかってもういっぺん聞いてもらうだとか．（中略）それこそ普通の環境調整とかで行ったときに様子を見てもらうだとか，ちょっと声をかけてもらうだとか，というところでの協力は得られていました．」などの語りからは〔周囲を巻き込む〕という概念が生成された．

桑原（2016: 34）は，刑務所内の他部署と連携した事例の実践報告を行い，外部との連携を行う上で何よりも重要となるのが内部連携であり，相手の立場も理解しつつ，どう自分を売り込んでいくか，福祉職一人一人の力量が問われると指摘している．同様に桑原（2014: 181）は刑務官との連携の大切さを指摘

している．分析結果からも，矯正施設においてソーシャルワーク実践を効果的に行うためには，刑務官・法務教官等の内部における協力体制の構築が重要であることが示唆された．

（4）〈連携の醸成〉

　福祉職は，支援が必要な高齢者・障がい者の地域生活移行をスムーズに行うため，地域の福祉機関と調整を行っている．しかし，クライエントが犯罪者・非行少年であること，矯正施設から自由に外出ができない等の制約があることから，調整に困難を伴うことが多い．そのため，福祉職は日々関係機関の立場を理解し，誠実に関わる姿勢を続け，協力を得ることで困難性に対処していた．この動きによる対処プロセスは，〔関係機関を理解する〕〔関係機関の協力を得る〕の各概念から成立する〈連携の醸成〉というカテゴリーで説明することができる．

　「C180:（中略）その少年の兄弟がまだ児相係属ってこともあったので，出てくるときに児童相談所が支援に入りたいと．ただ超過年齢なので，うちが面接に行くにはそちらからの依頼文が欲しい．依頼文を出すための起案を私が作成して決裁取って，そして依頼出して，来てもらってなんとか繋げたっていうのがあって，それは上手くいったなって．そこで学んだのは，向こうが動けるような理由を考えてあげる必要があるなって．」などの語りからは〔関係機関を理解する〕という概念が生成された．「F164: 昔は一つのことをお願いするのに，まず嫌悪感から入られて．「え．何でそんなことしないといけないんですか．」というのが，露骨に受話器から伝わってきたのが10年前ですね．今は全くそんなことなくて．（中略）「やってみたい」，「そういう人の支援をしてみたい」というように，」などの語りからは〔関係機関の協力を得る〕という概念が生成された．

　桑原（2016: 35）は外部機関との調整について，クライエントを理解してもらう点に力を注ぎ，関係機関が協力する姿勢を示した事例，相談支援事業所，成年後見人，援護実施主体の自治体と協議しながら調整を進めた事例などを報告している．また，河合（2018: 116）は，直接地域に赴き関係機関や地域の支援者とも話し合いを重ね，支援方法を日々模索し協働に努めている現状を報告

している．堀田（2018: 137-8）は在所中の支援のバトンを社会の関係機関につなぐ役割を担っている点を指摘し，その上で対象者の権利擁護は大事な業務の1つで，対象者，矯正施設の職員，そして社会の福祉関係機関に福祉の重要性を理解してもらう必要があると指摘している．このように福祉職による関係機関への積極的な働きかけにより，課題解決に繋がった際の行動変容プロセスが，本研究において対処プロセス概念として現れたと考えられる．

（5）〈ピアの支持的支援〉

　福祉職は困難性に直面した際，職場内の上司・同僚や他の矯正施設の福祉職，関係機関の職員に相談し，さらに所属組織をはじめ関係機関と連携して協働態勢の下，協力を得ながら困難性に対処していた．この動きによる対処プロセスは，〔仲間に相談する〕〔チーム力活用〕の各概念から成立する〈ピアの支持的支援〉というカテゴリーに収斂された．

　「H290: そうですね．だから，やっぱり外の人に言った時に盛んに言いますね．それは愚痴を聞いてもらうのもあるのかもしれませんけども，（中略）そのような自分自身の解決法ではなく，外部の機関に伝えることで，「そうだよな，私が言っていかないとこの少年を守れない，これは誰が聞いてもおかしいので，社会に伝えなくては」と，自分の使命感や正義感が発奮することができる．（中略）．」などの語りからは〔仲間に相談する〕という概念が生成された．「A150:（中略）自分が所属する課で出所のところを担当する職員はいるので．そちらの方にこういう情報も伝えてほしいとか，あとは自分が対象とする人も，そっちの方から情報をもらったりとか，話の最後の方で「福祉の支援があったらありがたい」みたいなのを，そちらの職員からもアプローチしておいてもらって，こっちに引き込むとか．そのへんの役割分担をして，一つでも二つでも，出所の時の役に立つようには気を付けてはいますね．」などの語りからは〔チーム力活用〕という概念が生成された．

　島谷（2019）は矯正施設のソーシャルワークにおけるスーパーバイズ体制の必要性を指摘している．本研究結果から，多くのヴァリエーションに見られた職場内外の協力を得て解決を図る福祉職の姿勢が困難性対処の効果的なプロセスの1つとして現れたと考えられる．

（6）〈支援の展望化〉

　福祉職が直面する困難性に対処するとは，支援困難な状況が解決し，困難性が軽減すること，つまり，意識と行動の両面において支援の見通しが立つことである．この動きによる対処プロセスは，〔蓄積された経験〕〔発想イメージ化〕〔認知変容〕の各概念から成立する〈支援の展望化〉というカテゴリーに収斂された．

　「A314-6: そうですね．何か本当に背景．成育歴とかは想像以上の人ばっかりなので．そのへんは，同じように思っても全然違う反応があったりとかはするんですけど．でも，何となくは．「これが駄目やったら，こっちかな」とか，（中略）そのへんは前よりはやりやすくなったかなとは．昔よりは．」などの語りからは〔蓄積された経験〕という概念が生成された．「G318-24:（中略）ストレスの対処は確かに，「1回の受刑では無理だ」と．（中略）そう．また来たら次，たぶん来る可能性があるけど，次はこれで，（中略）そう．「今回はここまで」みたいな．開き直りですけど．1回では無理だと思ってます．うちは何回も来る人が，来れるところだから．なので，（中略）「次はこれも足してみよう」とか．そんな感じです．」などの語りからは〔発想イメージ化〕という概念が生成された．「I47:（中略）そういうふれあいの中で助けられた部分が非常に多いので．でも，ドタキャンっていうか．あまのじゃくな発達障がいの子なんかは裏切りますよね．そういう目には遭いましたけども．だけどそれは特性かなと思っているので，あまちゃんですね．それはね．何だかね．」などの語りからは〔認知変容〕という概念が生成された．

　島谷（2019）はソーシャルワーカーとしての知識・技術，生活モデルの実践展開，被害者理解を会得することが矯正施設のソーシャルワークのあるべき姿につながると指摘している．このような支援展望に繋がる福祉職の日々の視点が本概念・カテゴリーに繋がり，対処プロセスの最終段階として現れたと考えられる．

5　結論

　刑事施設，少年院など矯正の施設内処遇における「ソーシャルワーク」は，

一般的な「ソーシャルワーク」とは明らかに異質である．これは，「ソーシャルワーク」という名称を冠した「司法行政」が行われているともいえよう．矯正施設においては，面接時間・内容，地域との連携の制限・制約などがあり（中村 2021），そもそも「ソーシャルワーク」と呼ぶのは適切ではないかもしれない．先行研究を踏まえると，本研究は厳密には「ソーシャルワークの困難性への対処」ではなく，「司法と福祉の連携の困難性への対処」という言葉が適切と考えられる．

　本研究では，矯正施設の福祉職が高齢者・障がい者ソーシャルワークで直面する困難性への対処プロセスの構造・展開の一端を明らかにしてきた．これまで矯正施設のソーシャルワークについて様々な実践的課題が論じられてきたが，現場ではどのように解決に向かって動いているのか，福祉職の声を分析・考察した研究はなされていない．本研究では福祉職の語りを通して，様々な制約の中で地域社会とは異なる困難性に直面し，支援・課題解決に向かう福祉職の困難性対処アプローチの一端を提示することができた．

　また，生活環境の調整，そのなかでも特に地域生活定着促進事業で協働する保護観察官（中村 2019），地域生活定着支援センター職員（中村 2020a）の対処プロセスと比較すると，本研究では福祉職に独自・固有の対処プロセスとして〔ウェルビーイングへの願い〕〔フロンティアスピリッツ〕の各概念から成立する〈矯正施設の福祉職としてのアイデンティティーの意識〉及び〔矯正の枠組みを理解する〕〔周囲を巻き込む〕の各概念から生成する〈矯正施設内の支援体制構築の姿勢〉というカテゴリーが生成された．語りの中に，「D307: やっぱり矯正っていう場に福祉が入ってきたっていう現状があるじゃないですか．なので，福祉の理解っていうのが，福祉士が入っていることについての理解がどこまでされてるのかなとは思います．」「F68-70: やっぱり前面に出てきたことで，本当に 10 年前は「何やってるの」って，「何か変な人たちが入ってきたわ」っていうふうに見られてたのは間違いないんです．（中略）間違いないんですけども，ここ 5 年ぐらいですか．4 年ぐらいですか．明らかに職場の人も「やらなければいけないな」というふうに雰囲気になってきているので，それも追い風に．」などが見られた．

　全く異質の矯正の世界に黒船のように入ってきた福祉職は，当初は理解者が

ほとんどいない状態からスタートせざるを得なかった．そして，一般的なソーシャルワークが矯正施設では実施できないなど，想像以上に困難な状況に直面し，徐々に理解者を増やしながら課題解決をしてきた．一方，今回の調査では，ほぼ毎年のように福祉職が退職している矯正施設があることも確認でき，現場において適切な困難性対処・コーピングができず，早期離職に至っている福祉職がいることが窺われた．

福祉職は孤軍奮闘状態に置かれながらも，内部でソーシャルアクションを実践するなど，ソーシャルワーカーのアイデンティティーを持って本来あるべきソーシャルワークに近付けようと試みていた．福祉職が対象者と関われる期間は矯正施設入所中だけであり，出所後は基本的に関わることはできない．また，強制的に社会から隔離された施設内処遇の枠内で活動をせざるを得ないという制約を抱えており，対象者のニーズに合った地域生活をイメージしたうえでソーシャルワークを展開する困難性が存在している．福祉職による実践報告はまだ少ないが，福祉職の語りから，各矯正施設，個々の福祉職それぞれに課題解決のノウハウが蓄積されていることが窺われた．

一方，本研究には質的研究及び M-GTA，研究内容の課題が挙げられる．本研究結果が，ある意味で予定調和的な困難性対処の成功要因の構造化という狭い範囲に収斂したことは否めない．そのため，今後は矯正施設の福祉職に対して，より深い質問を行うことによって業務の実態や課題，本来あるべきソーシャルワークのあり方やそのために必要な制度や仕組みにまで探求するなど，さらなる調査研究が求められる．

［謝辞］
　本研究は日本福祉大学大学院在籍中の研究結果（中村 2020b）の一部を加筆修正したものである．本研究にあたって，多忙な業務の時間を割いて筆者の調査に御協力いただいた研究協力者の皆様に心より感謝申し上げる．

［文献］
天宮陽子（2016）「社会復帰に向けて」『刑政』127（11），41-9.

朴姫淑（2018）「刑務所におけるソーシャルワークの制約と可能性——社会福祉士及び精神保健福祉士の経験から」刑事立法研究会編著『「司法と福祉の連携」の展開と課題』，現代人文社，251-67.

法務総合研究所（2012）『平成24年版犯罪白書』日経印刷

堀田紀子（2018）「矯正施設入所者の支援について」掛川直之編著『不安解消！出所者支援——わたしたちにできること』旬報社，136-9.

深谷裕（2013）「精神障害者・精神疾患のある人に対する制度」藤原正範・古川隆司編著『司法福祉——罪を犯した人への支援の理論と実践』法律文化社，113-32.

池知佳代子（2017）「非行少年との出会いのなかで気付いたこと——少年院における社会福祉士の実践から」『朋』29（8），愛知県児童福祉施設長会，11-7.

河合由香（2018）「矯正施設における社会福祉士の役割」掛川直之編著『不安解消！出所者支援——わたしたちにできること』旬報社，116-8.

木下康仁（1999）『グラウンデッド・セオリー・アプローチ——質的実証研究の再生』弘文堂.

木下康仁（2003）『グラウンデッド・セオリー・アプローチの実践——質的研究への誘い』弘文堂.

木下康仁（2007）『ライブ講義M-GTA——実践的質的研究法 修正版グラウンデッド・セオリー・アプローチのすべて』弘文堂.

木下康仁（2014）『グラウンデッド・セオリー論』弘文堂.

桑原行恵（2014）「刑務所の福祉専門官になって思うこと」『犯罪と非行』178，166-82.

桑原行恵（2016）「刑務所から地域へ——刑務所を終の棲家にしないために」『刑政』127（11），32-40.

中村秀郷（2019）「保護観察官がソーシャルワークで直面する困難性への対処プロセス——保護観察所の保護観察官へのインタビュー調査から」『社会福祉学』60（1），75-88.

中村秀郷（2020a）「罪を犯した高齢者・障がい者ソーシャルワークで直面する困難性対処に関する研究——地域生活定着支援センター職員へのインタビュー調査から」『司法福祉学研究』20，60-76.

中村秀郷（2020b）「刑事司法領域の福祉的支援の困難性に関する研究——刑事司法制度の中の専門職に焦点を当てて」日本福祉大学大学院福祉社会開発研究科2019年度博士学位論文.

中村秀郷（2021）「矯正施設における高齢者・障がい者ソーシャルワークで直面する困難性——刑事施設，少年院のソーシャルワーカーへのインタビュー調査から」『人間福祉学会誌』20，1-9.

島谷綾郁（2009）「刑務所等におけるソーシャルワーク業務に関する一考察」『日本社会

　　福祉学会第 57 回全国大会報告要旨集』（法政大学）．

島谷綾郁（2019）「刑務所等におけるソーシャルワークの業務課題とあるべき姿について
　　の研究──序論」『敬心・研究ジャーナル』3（1），125-34.

竹村千沙（2016）「矯正施設（女子刑務所）で勤務して」『ソーシャルワークぎふ』21,
　　41-3.

田畑賢太（2016）「刑事施設における特別調整等の福祉的支援の現状について」『刑政』
　　127（11），12-20.

若狭広直（2010）「刑事施設におけるソーシャルワークの可能性について」『司法福祉学
　　研究』10，169-85.

鷲野明美（2018）「矯正におけるソーシャルワークの現状と課題──矯正施設の福祉職
　　に対するアンケート調査の結果から」『刑政』129（8），12-23.

児童・思春期における性問題行動への
治療的介入の現状と課題
——全国調査から

Current Status of Treatment for Problematic Sexual Behaviors in Children and Adolescents in Japan

坂東　希＊　野坂祐子＊＊　毛利真弓＊＊＊　藤岡淳子＊＊＊＊

1　本研究の背景と目的

　2017 年に厚生労働省が実施した児童養護施設等での子ども間の性的な問題に関する初の調査（厚生労働省，2019）では，当該年度に 732 件の事案が把握されたものの，潜在化している事案も少なくないことが懸念されており，その発見と適切な介入の必要性が高まっている．子どもの性問題行動の発現・維持には，家族，社会，経済および発達上の複数の要因が寄与し，要因には，性的虐待，身体的虐待，ネグレクト，不安定な養育環境，性的な刺激への曝露，家庭内暴力への曝露など，幼少期の逆境体験が含まれる（Friedrich et al. 2003；Friedrich 2007; DeLisi et al. 2017）．性問題行動は，さまざまな理由で情緒性と社会性の発達が滞っている結果として生じやすく（藤岡 2006），被害者の心身及び発達に深刻な影響を及ぼすという観点からだけでなく，加害児の発達や自立の点からも重要な課題と捉えられ，早期の把握と適切な介入が必要である．

（1）性問題行動への介入
　性問題行動に対する介入は，1980 年代以降，北米を中心に認知行動療法

＊大阪大学大学院人間科学研究科特任講師　＊＊大阪大学大学院人間科学研究科准教授
＊＊＊同志社大学心理学部准教授　＊＊＊＊大阪大学大学院人間科学研究科名誉教授

表1 性問題行動のある少年のための効果的な処遇ガイドライン〔ATSA(2017) をもとに作成〕

1) 明確でエビデンスのある変化のモデルを使う
2) RNR 原則を遵守する
3) 治療の継続性を確保する
4) スタッフに適切なトレーニングとスーパービジョンを行う
5) 継続中のプログラムのモニタリングと評価を行う

（CBT）を基盤とする治療的プログラムの有効性が実証され，クライアントの
リスク・ニーズ・反応性原則（RNR 原則：Andrews & Bonta 2016）に基づく介
入が実施されるようになった．こうしたリスク管理アプローチは再犯率を一定
程度低下させたものの，リスク回避的な目標が中心となるため変化への動機づ
けの維持が難しく，本人がよりよく生きるためのニーズが軽視されがちになる
ことが指摘され，クライアントの強みと周囲の資源に着目し，よい人生を送る
という接近目標を強調したグッドライフ・モデル（Good Lives Model: GLM）が
導入されてきた（Ward & Stewart 2003）．子ども・青少年への応用は 21 世紀以
降進められている．また，「性問題行動のある少年のための効果的な処遇ガイ
ドライン」（ATSA 2017）といった国際的ガイドラインも示されている（表1）．

(2) 米国における子ども・若者を対象とした介入実施状況

　米国とカナダにおける子どもから成人を対象とした性問題への治療的介入
の実施状況について，Safer Society Foundation（以下，SSF）が 1986 年から
2009 年にかけて 9 回調査を実施しており，その間の変化や動向が示されている
（Burton et al. 2006; McGrath et al. 2010）．若者（12-17 歳）を対象としたプログラ
ム数の変遷を見ると，施設内より在宅（通所）で実施される傾向が示されてい
る（表2）．2009 年調査では，プログラムの頻度は，施設内では週 4 ～ 5 回，在
宅では，グループは週 1 回，個別は週 3 回ほどであり，家族セッションの回数
が 2002 年以前の調査より増加していた（表2）．また，男女ともグループの実
施期間は 13 ～ 15 ヶ月程度であり，約半年間のアフターケアが実施されていた．
また，リスクアセスメントとして J-SOAP Ⅱ（Juvenile Sex Offender Assessment
Protocol-II; Prentky & Righthand 2003）等の尺度を使用している機関が 2009 年で
81.1% を占め，2002 年（39.2%）と比べて大幅に増加していた．ほかに，子ども

表2 米国における性問題行動のある若者向け介入プログラム数と平均セッション数

			2000年		2002年		2009年	
			在宅	施設	在宅	施設	在宅	施設
プログラム数		男子	118	91	486	188	275	98
		女子	72	10	230	33	102	19
		計	190	101	716	221	377	117
		(%)	(65.3)	(34.7)	(76.4)	(23.6)	(76.3)	(23.7)
1週間あたりの 平均セッション数 (回)	男子	グループ	1.29	3.70	1.04	5.27	1.17	4.45
		個別	1.00	1.27	0.64	1.21	3.11	4.64
		家族	0.74	0.81	0.27	0.34	1.39	1.67
	女子	グループ	1.07	4.11	0.92	5.10	1.05	5.00
		個別	0.96	1.50	0.66	1.17	3.29	4.67
		家族	0.75	0.92	0.29	0.40	1.33	1.62

＊ 2000年、2002年（Burton et al. 2006）と 2009年（McGrath et al. 2010）のデータをもとに統合
＊ 2009年よりインターネット調査法が採用され、プログラム数減少はその影響を受けた可能性がある
（McGrath et al. 2010）

の行動チェックリスト（Child Behavior Checklist：CBCL; Achenbach & Rescorla 2001）や子どもの性的行動チェックリスト（Child Sexual Behavior Inventory: CSBI; Friedrich 1997）等が併用され，性問題以外の行動や性被害の影響も把握されていた（McGrath et al. 2010）．現在，標準化された若者用の尺度はないが，保険統計的なリスクアセスメントや研究によって開発された尺度を用いて性問題行動に関するリスクを査定することに加え，リスクやニーズだけでなくストレングスや社会資源等も含む包括的なアセスメントが若者には特に重要であることが指摘されている（Griffin & Wylie 2013; ATSA 2017）．

(3) 本研究の目的

国内の児童福祉分野では，大阪府の児童自立支援施設で 2005年から個別プログラムが導入され，2008年には児童相談所で通所によるグループプログラムが開始されている（浅野他 2009）．現在，他地域にも広まりつつあるが，その実態は明らかではない．そのため，本研究では性問題行動の対応をしている可能性のある公的機関が，どの程度，どのような方法で治療的介入に取り組んでいるか明らかにし，また，治療的介入において直面している困難等を把握し，課題を検討することを目的とした．なお，本調査では，18歳未満の子どもを

対象に性問題行動への治療的介入を実施する可能性のある公的機関を対象とした．また，本調査では性問題行動を「性的な目的あるいは手段を通じて行った他者への加害行動で，間接的と直接的を問わず，また司法に属しているいないを問わない，同意，対等性，自発性を欠く，一方的な性的行動」とし，他者への加害行為に限定した．売春等の受動的性問題行動やマスターベーションなどは含まない．

2　方法

（1）対象者と調査方法

　主に18歳未満の子どもを対象に性問題行動への治療的介入を実施する可能性のある全国の公的機関のうち，犯罪白書等で実施状況が開示されている少年院と保護観察所を除き，児童相談所，児童自立支援施設，児童心理治療施設，法務少年支援センター，少年サポートセンターの計505機関を対象に，郵送法による質問紙調査を行った．また，集計結果により法務少年支援センターと少年サポートセンターは介入機関数が少なかったため，回収率（表3）と介入の導入状況（表4）のみ報告し，介入の具体的取り組み状況や「介入上の困難」については，児童福祉機関（児童相談所，児童自立支援施設，児童心理治療施設）の回答を分析した．

（2）調査期間

　2017年1月28日〜3月21日

（3）調査内容

　米国とカナダでの実態調査（Burton et al. 2006）を元に，日本の臨床環境に合わせた改訂を行い，全79問の調査票を作成した．治療的介入の実施状況やその具体的な内容についての質問項目とともに，実施上の困難や課題等の自由記述を求め，回答を得た．

表3　回収率

機関名	全体	児童福祉機関			少年司法機関	
		児童相談所(A)	児童自立支援施設 (B)	児童心理治療施設 (C)	法務少年支援センター (D)	少年サポートセンター (E)
配布数	505	169	58	45	52	181
回答数	208	105	32	24	29	18
回収率(%)	(41.2)	(62.1)	(55.2)	(53.3)	(55.8)	(9.9)

表4　性暴力行動に関する問題で「困っている」機関と治療的介入の導入状況

機関名	全体	児童福祉機関			少年司法機関	
		A	B	C	D	E
回答数 (n)	208	105	32	24	29	18
1. 性暴力行動に関する問題で困っている	130 (62.5)	89 (84.8)	22 (68.8)	11 (45.8)	5 (17.2)	3 (16.7)
2. 治療的介入を行っている	130 (62.5)	87 (82.9)	19 (59.4)	12 (50.0)	8 (27.6)	4 (22.2)
3. 治療的介入を行っていない	75 (36.1)	16 (15.2)	13 (40.6)	11 (45.8)	21 (72.4)	14 (77.8)
介入を行っていない機関のうち、性暴力事案の受理経験がある	47 (62.7)	15 (93.8)	12 (92.3)	7 (63.6)	9 (42.9)	4 (28.6)

＊機関Ａ～Ｅの括弧内は機関ごとの割合（％）。最終段の括弧内は、「3. 治療的介入を行っていない」機関における割合（％）

＊Ａ～Ｅの機関名は表3を参照

（4）分析方法

　質問紙の選択的回答は単純集計した．「介入上の困難」への自由記述回答は KJ法により，テキスト化された内容を意味ごとに切片化し，内容ごとに分類したうえでカテゴリー化した．

（5）倫理的配慮

　調査への回答は任意であり，調査票には調査の目的と内容を記し，回答した個人や機関が特定されないことを書面にて説明した．なお，本研究は日本司法福祉学会研究倫理指針に準拠している．

3　結果

（1）質問票の集計結果

①治療的介入の実施率

　505通を配布したうち208通の回答票を得た（回収率41.2%：表3）.

　「性暴力行動に関する問題で困っている」機関は，全体の62.5%であり，なかでも児童相談所（84.8%）と児童自立支援施設（68.8%）で高かった．また，「治療的介入を行っている」機関は，児童相談所（82.9%），児童自立支援施設（59.4%），児童心理治療施設（50.0%）といった児童福祉機関での実施率が高かったのに対し，少年司法機関である法務少年支援センターと少年サポートセンターでは低かった（表4）．また，「治療的介入を行っていない」機関でも性問題行動に関するケースを受理（相談，係属，入所）しており，その割合についても少年司法機関より児童福祉機関の方が高かった．そのため，以降の分析は，児童福祉機関の回答のみを対象とした．

②治療的介入実施機関による対応事案の概要

　調査時までの1年間に介入した事案の対象児童の性別は，大多数が男児だったが，少数ながら女児を対象としたものも児童相談所（27件）や児童心理治療施設（17件）等でみられた．

　対象事案322件中，最も多かった内容は，強制わいせつ（97件），次いで下着・水着窃盗（65件），強姦（刑法改正前の表記；42件）であった．事案の発生場所は，家庭内82件（うち，きょうだいに対するもの55），施設内92件（うち，他児に対するもの85），学校73件であった．被害者（全385件）は，加害児童の友人・恋人（42件）を含め，知り合いが289件であり，見知らぬ相手（74件）の約4倍であった．

③治療的介入の実施状況

　ア．介入実施の枠組み

　治療的介入の実施環境として，児童相談所では，「在宅と施設」の両方のケ

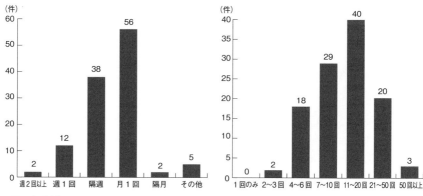

図1　個別実施における1ケースあたりの介入頻度（n=115）　　図2　個別実施における終結までの平均セッション数（n=112）

ースに対応していた機関が41件，「在宅のみ」での実施機関が43件あった．プログラムの実施形態については，全体で「個別実施」が116件（98.3%），「グループ」が9件（7.6%）であった（表5）．

　頻度は，個別実施の場合，月1回の56件（48.7%）が最も多く，次いで隔週の38件（33.0%）であった（図1）．終結までの平均セッション数は，11～20回が40件（35.7%）であり，10回以下のものを合計すると約半数（43.8%）だった（図2）．典型的な介入期間は6～12ヶ月（37.2%）が最も多く，半年から1年半が75.2%を占めた．

　イ．具体的な実施内容

　治療的介入を行なっている機関における介入の具体的な実施内容を示す（表5）．

　アセスメントを行っている機関は97件（82.2%）だったが，行っていない機関も17件（14.4%）あった．リスクアセスメントツールを使用していたのは43件（36.4%）であり，アセスメント実施機関の44.3%であった．主にJ-SOAPⅡ（Prentky & Righthand 2003）が使用されていた．テキストは88.1%が使用し，固定テキストとその都度作成した資料が併用されていた．基本テキストは，「回復への道のり～パスウェイズ」または「回復への道のり～ロードマップ」（Kahn 2001; 2007），「性問題行動のある知的障害者のための16ステップ」（Hanson & Kahn 2012），「僕はなぜここにいるのか」（Freeman-Longo & Bays 1988）のいずれか，あるいはそれらの組み合わせであった．

表 5　治療的介入の実施機関による取り組みの内容

機関名		全体	A	B	C
治療的介入を行っている機関数（n）		118	87	19	12
1. 治療的介入の実施形態	個別	116 (98.3)	86 (98.9)	19 (100.0)	11 (91.7)
	グループ	9 (7.6)	3 (3.4)	2 (10.5)	4 (33.3)
2. アセスメントを行なっている		97 (82.2)	78 (89.7)	13 (68.4)	6 (50.0)
3. リスクアセスメントツールを使用している		43 (36.4)	34 (39.1)	6 (31.6)	3 (25.0)
4. テキストを使用している		104 (88.1)	79 (90.8)	16 (84.2)	9 (75.0)
5. 理論的基盤がある		75 (63.6)	55 (63.2)	14 (73.7)	6 (50.0)
6. 家族支援をしている		92 (78.0)	75 (86.2)	10 (52.6)	7 (58.3)
7. アフターケアを実施している		69 (58.5)	47 (54.0)	14 (73.7)	8 (66.7)
8. 組織内の研修をしている（定期・不定期）		64 (54.2)	44 (50.6)	11 (57.9)	9 (75.0)
9. スーパーバイザーがいる		23 (19.5)	18 (20.7)	3 (15.8)	2 (16.7)
10. 治療的介入の効果評価をしている		21 (17.8)	13 (14.9)	3 (15.8)	5 (41.7)
a) 中断率を計算している		19 (16.1)	12 (13.8)	6 (31.6)	1 (8.3)
b) 再犯率を計算している		15 (12.7)	9 (10.3)	3 (15.8)	3 (25.0)

＊「治療的介入を行っている」と回答した機関数。括弧内は機関ごとの割合（%）。
　A ～ C の機関名は表 3 を参照

　児童相談所と児童自立支援施設の多くが，理論的基盤が「ある」と答え，その多くが CBT（70 件，93.3 %[1]）であった．ほかに，グッドライフ・モデル（Ward & Stewart 2003）が 23 件（30.7 %），クライエント中心療法（17 件，22.7 %），トラウマ・ケア（16 件，21.3 %）等であった．学習内容は，思考の誤り（103 件，87.3 %[2]），感情表出と調整（98 件，83.1 %），リスクの理解（89 件，75.4 %），被害者理解（89 件，75.4 %），性教育（89 件，75.4 %），行動ステップま

たはサイクル（82件，69.5％）等であった．家族支援をしている機関（92件）の方が，していない機関（23件）よりも4倍多く，児童相談所では9割近くで行われていた．アフターケアは，児童自立支援施設の73.7％で実施されていた．

　職員を対象にした組織内の研修がない機関は54件（45.8％），不定期に研修があるのが60件（50.8％），定期的に研修があるのは4件（3.4％）であった．スーパーバイザー（以下，SV）がいる機関は23件（19.5％）であった．効果評価をしている機関は21件（17.8％）で，プログラム中断率（19件），再犯率（15件）が把握されていた．

(2) 治療的介入について困っていること（自由記述回答）

①児童福祉機関全体の特徴

　自由記述の分析は，高い割合で治療的介入を行っている3つの児童福祉機関（児童相談所，児童自立支援施設，児童心理治療施設）を対象とした．自由記述データをKJ法を用いて分類したところ，「治療的介入について困っていること」への回答では5つのカテゴリーと19の小カテゴリーが抽出された（表6）．本文ではカテゴリーを【　】，小カテゴリーを《　》，内容の抜粋・要約を「　」で示す．

【介入プログラムの整備】

　《1. 効果的なプログラムに関する情報の入手》では，「エビデンス」や「効果」がある介入方法や，「系統的な指導方法」などの情報が「ない・少ない」など情報取得への苦慮やニーズが窺えた．《2. 適切なプログラム・教材がない，組織内で確立していない》では，既存のプログラムが「年齢や状況の違い」，「他問題が併存する事例」，「通所ケース」など対象事例に沿わないという実感や，組織で「マニュアルやプログラム策定」に至っていないとの記述が見られた．「家庭内での兄妹間性暴力や施設内での性問題など，特徴に応じた対応が必要」との記載もあった．

【プログラム導入が難しいと感じるケース】

　《3. 加害児・保護者が否定的・拒否的なケースへの対応》では，「本人も保護者も認めず警察でも明らかとならなかった加害」や保護者が「問題を軽視」し

表6　性問題行動への治療的介入について困っていること

カテゴリー	小カテゴリー：回答数（機関ごとの回答数）
介入プログラムの整備	1）効果的なプログラムに関する情報の入手：8（A4, B1, C3） 2）適切なプログラム・教材がない，組織内で確立していない：13（A9, B2, C2）
プログラム導入が難しいと感じるケース	3）加害児・保護者が否定的・拒否的なケースへの対応：7（A6, C1） 4）子どもの障害・能力に合わせた介入：11（A9, B1, C1） 5）暴力性の低い性問題行動への介入：2（A1, C1）
プログラム実施上の困難	6）アセスメントと支援方針の組み立て：11（A9, B2） 7）加害児・保護者の動機づけ：15（A14, C1） 8）加害児の障害・能力に応じたプログラム：12（A8, B2, C2） 9）並存する問題の扱い方：4（A3, B1） 10）介入に必要な時間・機会の確保：13（A10, B1, C2） 11）介入・プログラムの評価：8（A8）
組織的な要因	12）スキル・経験の不足：7（A5, B1, C1） 13）研修・SVの不足：13（A10, B3） 14）職員個人任せ：4（A3, B1） 15）人員・時間不足：15（A12, B1, C2） 16）職員体制：6（A5, B1）
環境調整・協働	17）家族へのアプローチ：4（A4） 18）環境調整・長期的な支援：7（A5, B1, C1） 19）他機関との連携：8（A4, B4）

＊A～Cの機関名は表3を参照

介入に「拒否的」で協力を得られない事例などが挙げられた．《4. 子どもの障害・能力に合わせた介入》では，「知的な課題を有している児童の場合，行動変容の道筋が立てられない」，「言語的なやり取りに限界がある中でできることが限られる」などの記載が11件あり，《5. 暴力性の低い性問題行動への介入》では「明確な被害・加害のない触り合い」や非接触型の性加害へのアプローチが難しいと捉えられていた．

【プログラム実施上の困難】

《6. アセスメントと支援方針の組み立て》では，被害側と加害側の話の食い違いや，加害側が「否認や最小化をする」など事実確認そのものの難しさと事実認定できていないまま介入している現状に加え，在宅か入所かの措置の判断，プログラム実施の判断，介入する際の手法や優先課題の選択など方針の組み立てに感じる困難，また，加害児童の「特性」，「家庭環境」，「トラウマ」など整理すべき課題が多い点が挙げられた．《7. 加害児・保護者の動機づけ》で

は，本人や保護者の動機づけが低く，介入につなげられない，介入を維持できない，介入できても「深められない」こと，当事者意識が低く動機づけに時間がかかること，通所の枠組みでの動機づけの難しさが挙げられた．《8. 加害児の障害・能力に応じたプログラム》には 12 件の記述があり，多くが知的・発達障害を有する児童への介入に関するものであった．《9. 並存する問題の扱い方》では加害児の「性被害」，「愛着」，「対人関係」などへの対応に苦慮する様子が見られた．《10. 介入に必要な時間・機会の確保》では，集団による事件など複数人への「同時並行」での介入事例や，プログラムの回数・時間の確保に困難があり，個別ニーズに応じた「柔軟で十分な介入が困難」との記述が見られた．《11. 介入・プログラムの評価》では，自身が進めている介入が「これでいいのか」という不安，「再犯したかどうか知る術がない」など介入の効果を知る機会がないまま実践している状況が見られた．

【組織的な要因】

《12. スキル・経験の不足》では，治療的介入の知識や経験，スキルをもった職員が少なく，個人差があること，異動等により「スキルが蓄積されにくい」ことや「経験豊富な職員の定着」がしづらいことが挙げられた．《13. 研修・SV の不足》では，研修機会の不足に加え，「性暴力を専門とする SV が身近にいない」など SV 不在で介入を進める不安やニーズに関する記述が 13 件あった．《14. 職員個人任せ》では組織としての体制や方針が定まっておらず「担当者任せ」であり「担当者の負担が大きい」ことが挙げられた．《15. 人員・時間不足》では「ケース増加」の一方で，心理職や福祉職の不足など専門職も含めた人員不足，面接時間の確保に苦慮している様子，また，「対象児だけでなく保護者」への介入が重要と認識しつつも「現実的には困難」な状況が訴えられている．《16. 職員体制》では，加害児の多くが男児であるのに対して「女性心理士がほとんど」「女性職員しかいない」など職員のジェンダーやその割合に関する言及，異動によって担当者が変わることへの記述が見られた．

【環境調整・協働】

《17. 家族へのアプローチ》では，性加害少年の「家庭基盤が脆弱」であることへの言及が見られ，保護者を支援にどう巻き込むかについて苦慮されていた．《18. 環境調整・長期的な支援》では施設内や家庭内，地域内における「本

児を取り巻く環境」の調整や施設退所後の「アフターケア」が必要だができていない，時間をとれない，地域内に資源がない等の困難が挙げられた．《19. 他機関との連携》では，施設からは「児童相談所との連携」，児童相談所からは「施設職員と認識や課題を共有」する難しさが挙げられた他，「医療機関との連携のタイミング」や自身の所属組織がそもそも連携の「必要性を理解できているか」という疑問も見られた．

　児童福祉機関の特徴として，性問題行動を主訴とする「ケース数の増加」や「施設内で起きる性問題行動」に直面するなかで，適切な介入の必要性を感じつつも，介入のための知識や経験，資源が不足している現状が示された．以下，機関ごとの回答傾向を示す．

②各機関の特徴
　ア．児童相談所
　回答した児童相談所の82.9%で治療的介入が実施されており，児童福祉機関における介入実施機関全体の73.7%に上り，性問題行動への対応において中心的な役割を果たしていた．アセスメントと介入を行いながら，保護者支援も担い，施設や学校等他機関との協働を図ろうとしていた．他方，取り組みが組織的に整備されているというより《14. 職員個人任せ》であると感じられており，「職員の異動」等によりスキルや経験が蓄積されない現実，《13. 研修・SV の不足》といった組織の課題が挙げられた．また，家族が否認して事件化されない「家族・きょうだい間の性暴力」への対応，《6. アセスメントと支援方針の組み立て》，《7. 加害児・保護者の動機づけ》等に苦慮しており，テキストはあっても《8. 加害児の障害・能力に応じたプログラム》がないと感じているといった困難も挙げられた．

　イ．児童自立支援施設
　性問題行動を理由とした入所が増加し，「部屋割り」等に苦慮しつつも施設内での再発を防ぐための取り組みが進められていた．「性教育」や「コミュニケーション・スキルの学習」，「生活場面と連動」させるといったプログラム実施上の工夫も図られていた．「手引きの作成」や「大学との連携」等も報告されたが数は限られており，児童相談所等《19. 他機関との連携》が十分ではな

い現状も示された．また，施設内の子ども間での「被害と加害が明確でない性的接触」の見立てや介入に困難を感じており，さらに，対象児の「再発が収まらない」，「退所後に再発する」といった「介入の効果が見られない」ことへの不安も示された．

　ウ．児童心理治療施設

　施設内での子ども間の性問題行動が複数報告され，「子どもの安全確保」や「予防」の観点からの「性教育」の実施や，子どもの能力に応じた介入の工夫等がなされていた．その一方で，「子どもの分離」や「被害と加害双方への対応」，「加害児を生活に戻すタイミング」等に苦慮していた．施設内の事案に対し「措置変更という対応しか取れなかった」と悩む記述もあり，施設内での「性暴力の連鎖」を止めようと葛藤を抱えつつ取り組んでいる現状が示された．また，施設の特徴として生活や行事があることから《10. 介入に必要な時間・機会の確保》に苦慮している事情や，《1. 効果的なプログラムに関する情報の入手》が難しく，《2. 適切なプログラム・教材がない，組織内で確立していない》なかで取り組んでいる状況もみられた．

4　考察

　図3は，児童福祉機関の職員が「治療的介入について困っていること」から抽出されたカテゴリーを3つの層に整理し，その関連を示したものである．理論や研究に基づき効果的な介入を実施するためのアセスメントやスキルの向上は一つの課題であるが，これらは人材育成や人的確保，介入の方針決定など組織的な課題と直結している．また，介入プログラムが効果的に作用したとしても地域のなかで生活していくには家族や地域の理解やサポートが必須であること，さらには，学校や関係機関の性問題行動の理解が進むことで，さまざまなニーズを抱えた子どもに対して，暴力性の低い段階から予防的なアプローチが可能になり，児童福祉機関に偏りがちな性問題行動への対応についての資源が拡大することなど，これらのカテゴリーは相互に関連していることが見いだされた．以下，本調査の結果から示された具体的な課題について考察する．

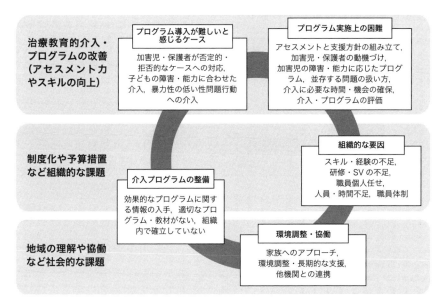

図3：性問題行動への治療的介入について困っていること（カテゴリー関連図）

（1）性問題行動への介入実施状況

　回答した児童相談所の8割以上，児童自立支援施設の約6割，児童心理治療施設の5割，つまり児童福祉施設の半数以上で性問題行動への治療的介入が実施されており，介入を実施していない機関でも，多くが性問題行動の対応を求められていることが示された．しかし，児童相談所は，在宅ケースへの通所指導とともに施設入所ケースへの対応も行っており，業務負担が少なくない上に，予算や人員等の資源不足，性問題行動に取り組むための体制が未整備であることが示された．地域資源が連携し，各機関の強みを生かした役割分担を進めるには，例えば，法務少年支援センターの外来鑑別等の機能を活かし，児童相談所が「困難」と回答したアセスメント面での連携を図ることもできるかもしれない．特に18〜19歳の年長少年への対応については社会的資源が極めて少ない状況にあるため，多機関による連携には意義があるだろう．

　また，プログラムの頻度や期間という実施量をみると，個別プログラムの半

数近くが月 1 回の頻度に留まり，終結までのセッション数も 10 回以下が 43.8 ％を占めた．これは，米国の状況（Burton et al. 2006; McGrath et al. 2010）と比べると総じて少ない結果であった．各現場では，人員不足や行事との兼ね合い等から面接時間確保に苦慮している現状が示されていたことから，セッション数はリスクやニーズに合わせた実施量というより，組織上の要因で決定されている可能性がある．対象者のリスクやニーズに応じた適切な用量を投入することの再犯防止効果は，検証中ではあるものの重要視されており（Day et al. 2019; ATSA 2017），より効果的な実施方法の検討が望まれる．

（2）介入の実施環境

　児童相談所による在宅（通所）と施設入所それぞれの実施数は把握されていないものの，児童自立支援施設と児童心理治療施設では施設内で介入が行われており，日本の介入環境では施設入所の割合が一定を占める実態が示された[3]．SSF 調査では，近年，在宅ケースが 75％を占めており，11 歳以下の子どもを対象にしたものではこの割合はさらに高くなる（McGrath et al. 2010）．就学前や学童期の子どもは，長期的で制限の多い施設内処遇でなくても，CBT や心理教育，保護者の積極的関与といった適切な介入がなされれば在宅でも十分に変化が見込める（Chaffin et al. 2006）．かつ，低リスクの少年に長期の施設入所の措置を取り，家族から分離させることで，孤立等の弊害を生み，性問題行動のみならずその他のリスクをも高める危険性も指摘されている（ATSA, 2017）．児童自立支援施設や児童心理治療施設のケースには，家庭での養育困難が入所の決定要因になった事例が含まれることも推察され，「在宅か入所かの措置の判断」は，加害児のリスクやニーズに加え，家庭の監護力や学校・地域のサポート体制といった社会的環境等を併せて検討し，適切なアセスメントと治療プランを策定した上で判断される必要がある．また，グループによる介入は，対人関係スキルの習得，仲間からのフィードバック等において，性問題行動への介入に適しているという臨床的見解（Marshall & Burton 2010; Chaffin et al. 2006）もあるが，本結果では個別面接に比して限定的であった．今後，社会内での介入やグループプログラム，家族への支援の強化を図ることで対象児童のニーズに応じた介入環境が充実することが期待される．

（3）実証研究や理論に基づく介入と人材育成

　本調査では，実証効果が示されている CBT に基づいたものが一定程度取り入れられていたものの，介入の理論的基盤が「ある」と答えたのは児童福祉機関の 5 〜 7 割に留まった．また，介入を担う人材の育成については，研修とスーパービジョンは本調査でも不足が訴えられ，特にスーパーバイザー（SV）がいると回答した機関は 2 割以下に留まった．先に触れた「性問題行動のある少年のための効果的な処遇ガイドライン」（ATSA 2017; 表 1）のように日本でも明確で実証性のあるモデルの理解や，RNR 原則に基づいた有効な介入を取り入れ，スタッフの訓練やスーパービジョンを含む人材育成を進めていく必要がある．

（4）研究の限界と課題

　児童福祉機関による回答の回収率は 53.3 〜 62.1 ％であり，全国の実態や傾向を反映できたとは言い難いが，性問題行動への治療的介入の実施状況と，職員が困難と感じることについての一側面を考察できたといえる．また，少年サポートセンターについては回収率が 1 割に満たなかったものの，治療的介入の実施機関が 4 件あった．法務少年支援センターでは，実施機関は 8 件であったが，地域援助業務[4]が開始されて 2 年に満たない時期の調査であり，その後，性問題行動に関する相談が増えていることも予想される．少年司法機関が社会内において性問題行動への介入を担う可能性は高く，今後の実態把握が望まれる．

5　結語

　児童・思春期における性問題行動に適切に介入することは，加害児の自立や成長のためにも重要な意義がある．治療的介入に関する理論や実践が共有され，性問題行動に支援者が個々に対応するのではなく，チームとしての組織対応を行い，多機関とのネットワークを構築させる必要がある．

[付記]
本調査は 2016（平成 28）年度日本科学研究開発機構「安全な暮らしをつくる新しい公 /
私空間」研究開発領域における研究開発プロジェクト「多様な嗜癖・嗜虐行動からの回復
を支援するネットワークの構築」における「性問題行動ユニット調査」（分担研究代表者：
藤岡淳子；藤岡 2017）の一部である．また，本調査の一部は日本子ども虐待防止学会第
23 回学術集会ちば大会において報告された．調査にご協力いただいた皆様に深く感謝申し
上げます．

[注]

1）治療的介入を行っている機関のうち、「理論的基盤がある」と回答した機関（75 件）
における割合（以下、同）．

2）治療的介入を行っている機関（118 件）における割合（以下、同）．

3）児童相談所の介入実施数のなかに，児童福祉施設における介入実施数が含まれる可
能性があるが，本調査ではその重複は把握していない．

4）2015 年から施行された少年鑑別所法により，少年鑑別所が地域社会における非行及
び犯罪の防止に関する援助を行うことが規定された．地域援助業務を行う際は，少
年鑑別所ではなく，法務少年支援センターという名称が用いられる（法務省 2015）．

[引用文献]

浅野恭子他（2009）「性問題行動のある子どもたちへの集団療法（1）――行動の変化を
めざして」日本心理臨床学会第 28 回秋季大会

Achenbach, T. M., & Rescorla, L. A. (2001) *Manual for the ASEBA School-Age Forms &
Profiles*. Burlington: University of Vermont, Research Center for Children, Youth &
Families.

Andrews, D. A. & Bonta, J. (2016) *The Psychology of Criminal Conduct,* 6th ed. Routledge.

Association for the Treatment of Sexual Abusers (2017) Practice Guidelines for
Assessment, Treatment, and Intervention with Adolescents Who Have Engaged in
Sexually Abusive Behavior. https://www.atsa.com/juvenilepractice（2020.7.9 閲覧）

Burton, D. L., Smith-Darden, J., & Frankel, S. J. (2006) Research on Adolescent Sexual
Abuser Treatment Programs. In Barbaree, H. E. & Marshall, W. L. *The juvenile sex
offender*. 291-312. Guilford Press.

Chaffin, M., Berliner, L., et al. (2006) Report of the Task Force on Children with Sexual
Behavior Problems. Beaverton, OR: Association for the Treatment of Sexual
Abusers (ATSA). https://www.atsa.com/pdfs/Report-TFCSBP.pdf（2020.7.9 閲覧）

Day, A., Ross, S., et al.（2019）The Intensity and Timing of Sex Offender Treatment. *Sexual Abuse.* 31（4）397-409.

DeLisi, M., Alcala, J., et al.（2017）Adverse Childhood Experiences, Commitment Offense, and Race/Ethnicity: Are the Effects Crime-, Race-, and Ethnicity-Specific? *International journal of environmental research and public health,* 14（3）, 331.

Freeman-Longo, R. & Bays, L.（1988）*Who am I and why am I in treatment? A guided workbook for clients in evaluation and beginning treatment.*（藤岡淳子訳〔2006〕『性暴力の理解と治療教育』誠信書房）

Friedrich, W. N.（1997）*Child Sexual Behavior Inventory: Professional manual.* Odessa, FL: Psychological Assessment Resources.

Friedrich, W. N., Davies, W. H., Feher, E. & Wright, J.（2003）Sexual Behavior Problems in Preteen Children. *Annals of the New York Academy of Sciences,* 989: 95-104.

Friedrich, W. N.（2007）*Children with sexual behavior problems: Family based, attachment-focused therapy.* New York: Norton.

藤岡淳子（2006）『性暴力の理解と治療教育』誠信書房

藤岡淳子他（2017）『性問題行動に対する治療的介入の現状と課題. 平成 29 年度「安全な暮らしをつくる新しい公／私空間」研究開発領域「多様な嗜癖・嗜虐行動からの回復を支援するネットワークの構築」性問題行動ユニット報告書』

Griffin, H. & Wylie, L.（2013）*Assessment.* In Print, B. *The good lives model for adolescents who sexually harm.* The Safer Society Foundation.（藤岡淳子・野坂祐子監訳〔2015〕『性加害行動のある少年少女のためのグッドライフ・モデル』誠信書房）

Hanson, K. & Kahn, T.（2012）*Footprint: Step to a Healthy Life,* 2nd ed. The Safer Society Foundation.（本多隆司他監訳〔2015〕『性問題行動のある知的障害者のための 16 ステップ』明石書店）

法務省（2015）「法務省だより あかれんが」Vol.50. http://www.moj.go.jp/KANBOU/KOHOSHI/no50/2.html#report02（2021 年 4 月 1 日閲覧）

Kahn, T. J.（2001）*Pathways: A guided workbook for youth beginning treatment,* 3rd ed. The Safer Society Foundation.（藤岡淳子監訳〔2009〕『回復への道のり パスウェイズ 性問題行動のある思春期少年少女のために』誠信書房）

Kahn, T. J.（2007）*Roadmaps to recovery: A guided workbook for children in treatment,* 2nd ed. The Safer Society Foundation.（藤岡淳子監訳〔2009〕『回復への道のり ロードマップ 性問題行動のある児童および性問題行動のある知的障害をもつ少年少女のために』誠信書房）

厚生労働省（2019）児童養護施設等において子ども間で発生する性的な問題等に関する調査研究報告書（平成 30 年度厚生労働省委託事業）. https://www.mhlw.go.jp/

content/000504698.pdf（2020.7.9 閲覧）

Marshall, W. L. & Burton, D. L.（2010）The importance of group processes in offender treatment. *Aggression and Violent Behavior,* 15-2; 141-149.

McGrath, R. J., Cumming, G. F., et al.（2010）*Current Practices and Emerging Trends in Sexual Abuser Management.* The Safer Society 2009 North American Survey.

Prentky, R. A. & Righthand, S. C.（2003）*Juvenile sex offender assessment protocol.-II; Manual.*

Ward, T. & Stewart, C. A.（2003）The treatment of sex offenders: Risk management and good lives. *Professional Psychology: Research and Practice,* 34（4），353-360.

大阪府による性犯罪者への治療的介入
——法務省地域再犯防止推進モデル事業の実際と課題

Therapeutic Interventions for Sex Offenders in the Community: Practices and Challenges in the Osaka Prefectural Recidivism Prevention Model Project

毛利真弓 *　坂東 希 **　藤岡淳子 ***

1　研究の目的

　2016 年 12 月に公布・施行された「再犯の防止等の推進に関する法律」(いわゆる再犯防止推進法) では，地方公共団体が再犯の防止に関して国との適切な役割分担を踏まえてその地域の状況に応じた施策を策定・実施する責務が明示された (法務省 2016)．その取組の一つとして，国・地方公共団体の協働による地域における効果的な再犯防止対策の在り方について検討するための地域再犯防止推進モデル事業 (以下，モデル事業という) が始まり，2019 年末現在，36 の地方公共団体が実践を行っている (法務省，2019)．

　公表された資料 (法務省 2019) を見る限り，地域再犯防止推進事業はほとんどが既存の団体への再委託である．そして再委託をしていないものについては多くが研修会やフォーラムや連絡協議会の実施，パンフレットの作成，他の支援組織へのつなぎ支援や居場所のマッチングの実施であり，地域独自の体制をこの事業のために整えて実際の支援活動に臨んだのは，京都市と大阪府のみである．もちろん既存団体のノウハウを使いさらに活動を広げていくことも意味あることだが，再犯防止推進法における「地方公共団体が (略) 実施する責

*同志社大学心理学部准教授　**大阪大学大学院人間科学研究科特任講師
***大阪大学大学院人間科学研究科名誉教授

務」を文字通り捉えるならば，地方公共団体自身が行う支援事業自体を強化・推進していくことも重要であろう.

　大阪府は以前から性犯罪の再犯防止に力を入れてきた．2012年10月に施行された「大阪府子どもを性犯罪から守る条例」に基づき，18歳未満の子どもに対し強制わいせつ等の性犯罪を行い，刑期満了の日から5年を経過しない者が大阪府に住所を定める場合に住所等の届け出義務を課すとともに，社会復帰に関する相談その他必要な支援（社会復帰支援事業）を行ってきた（大阪府青少年・地域安全室治安対策課 2019）．この支援は刑務所出所者，つまり刑務所収容に至るほど犯罪性が何らかの点で進んでいるなど（非施設収容の者と比べて）再犯リスクが高く，かつ収容によって社会とのつながりがいったん断絶され，一から生活を立て直す支援が必要な者を対象とした．しかし起訴猶予・罰金・執行猶予の処罰にとどまり矯正施設に収容されることが少ない痴漢や盗撮についても同種の性犯罪を繰り返すものが少なくないという実態があったことから，そうした人たちにも支援を広げることを目的として，「問題が大きくなってからの支援」としての再犯防止支援だけでなく，より早期に，リスクの低いうちに支援を行う「初期介入」の必要性にも目を向けるようになってきた．そこで大阪府は，大阪地方検察庁，大阪保護観察所および大阪少年鑑別所と連携し，早期支援の試みをモデル事業において提案することとし，それが採択された．対象の範囲については，「性犯罪（痴漢，盗撮等のいわゆる迷惑防止条例違反，公然わいせつ，いわゆる児童ポルノ規制法）を犯したものの，起訴猶予・罰金・科料・執行猶予の処分を受けた人で，かつ大阪府内に居住する者のうち，カウンセリングを自ら希望する者」とした．罪種について限定したのは，刑務所出所者を対象とした社会復帰支援事業で対象としていない罪種に絞り，限られた人的資源の中でできるだけ様々な罪種の人が大阪府の支援（本事業の支援もしくは社会復帰支援事業）を受けられるようにしたためである．また処分の種類も限定したが，これは，起訴猶予・罰金・科料・執行猶予の場合，実刑を免れたことで安堵し，専門的な支援につながるのが遅くなるものが多いと予想されることから，地方公共団体が積極的にこうした者を対象とした支援の場を設けることで早期介入につながる構造を作りたいと考えたためである.

　本研究では，筆者らが関わった性犯罪者への治療的介入を行った大阪府のモ

デル事業の実践を振り返ることで，地方公共団体による性犯罪者への早期介入の意義について検討するとともに，地方公共団体が主体的に再犯防止施策を策定・実施していく際の課題についても考察したい．

2　方法

（1）対象者

　2019年2月から2020年9月までに大阪府の実施した性犯罪者を対象とするモデル事業にてプログラムの支援を開始したの14名のうち，府外に転居した1名，連絡が途絶した1名，多忙による辞退1名を除外した11名．

（2）プログラム内容

　実刑になっていないということは前科・前歴がないか非常に少なく，再犯リスクも低めの対象者が集まることが予想されたため，リスク・ニーズ・反応性に応じて処遇内容を変化させることが再犯防止に効果的であるとするRNR原則（Andrews and Bonta 2010）に基づき，初回面接1回とプログラム全5回（2週に1回程度，3か月で終了を予定）をセットとし，テキスト（表1）を作成した．内容は，グッドライフ・モデル（Ward, Mann, and Gannon 2007）の視点と，自らの性犯罪を可能にする思考の誤りを探す認知行動アプローチの両方を包含したもので，対象者に合わせて必要なテーマを抜粋して扱う形式とした．

　面接の様式は個別面接で，大阪府が委嘱したカウンセラー（公認心理師ないし臨床心理士，男性1名・女性4名：筆頭著者・第2著者を含む）のうち固定の2名が各回90分実施した．

表1　プログラムの概要

題	取り扱う課題	サブ課題	
1　人生のこれまでとこれから	グッドライフ・ニーズを探る	人生グラフ	
2　犯罪への道のりとそれを助ける認知	神話、思考の誤り	認知再構成法	4つの壁
3　あなたの「したい」と相手の気持ち	境界線	感情・感情の氷山	真の同意
4　被害に遭うということ	被害者の気持ちを考えるワーク	境界線を侵害された時	
5　再び、グッドライフを考える	これまでのまとめ	新しい生活の目標	

※途中より、犯行サイクル・維持サイクルの作成、アサーショントレーニングを必要に応じて行うことになった

（3）倫理的配慮

　個人情報の扱いについて大阪府の規定に従ったほか、調査対象者に対しては、データの扱い、個人情報の扱い、研究成果を学術雑誌や報告書等おいて報告することについて文書及び口頭による説明をした上で同意書への署名をもらい研究を行った。なお，本研究に関しては，大阪大学人間科学研究科の倫理審査委員会の承認を得て行った（2020 年 9 月 24 日：承認番号 20051）．

（4）評価項目

①対象者の属性

　年齢，最終学歴，事件時の婚姻状況，就労状況，罪名，処分結果，過去の性犯罪歴，過去の犯罪歴，制度の情報源，支援の期間，支援の回数をまとめた．

②スタッフによる評価

　ア．リスクレベル評価

　Static-99R（Helmus, Babchishin, & Blais, 2012; Phenix, Fernandez, Harris, Helmus, Hanson, & Thornton 2016） と STABLE-2007（Hanson, Harris, Scott, & Helmus 2007）の 2 つのアセスメントツールを使い，Brankley, Helmus, and Hanson（2017） 及 び Brankley, Babchishin, Chankin, Barsetti, & Hanson（2019）に基づき静的リスクと安定的リスクを総合したリスクレベルを算出した．STABLE-2007 は処遇の経過とともに採点をし直すものであるが支援期間が短いため，初回のリスクレベル査定として使用した．評価者はすべて筆頭著者である．

　イ．Adverse Childhood Experiences（ACEs：逆境的小児期体験）（Felitti, Anda, Nordenberg, Williamson, Spitz, Edward, Koss, & Marks 1998）

　18 歳以前の被虐待体験 5 項目（身体的虐待 2 項目，心理的虐待・ネグレクト・性的虐待各 1 項目）及び家族の機能不全 5 項目（親の離婚，面前 DV，親の依存症・精神疾患もしくは自殺未遂歴・受刑歴各 1 項目）を聞く 10 項目（当てはまる場合は 1 点で 10 点満点）．成人後の各種身体・精神疾患発症や依存症，非行・犯罪行動との関係が指摘されていることから評価尺度とした．

③本人による評価（前後比較）

ア．性加害リスクセルフチェック質問紙（一部）

今井・藤岡・奥田（2018）が作成した「教育のストレス状態と性行動についての意識及び態度セルフチェック尺度」（90項目4件法）のうち，安定的リスクとしての性衝動のコントロールや親密な関係性の欠如，急性リスクとしての対人関係における孤立等を尋ねる項目18項目（4件法）を，「最初の犯行の前から3か月間の様子」として尋ねた．尺度は教員用に開発されたものであり一般性犯罪者での信頼性・妥当性が担保されたものではないが，本人自身の性加害に対する認知の偏りを測るための参照とした．

イ．思考の誤り尺度

Ward and Keenan（1999）において小児性愛者の潜在的理論として指摘・例示された小児性愛者の認知の歪みを抜粋し成人用に改変して独自に作成した，「性的誘いをはっきり断らないのはイエスを意味する」「相手にばれなければ，盗撮やのぞきでは相手は傷つかないと思う」などの9項目（良くあてはまるからまったく当てはまらないの4件法：0〜3点：満点27点）．

ウ．成人版ライフキャリア・レジリエンス尺度（高橋・石津・森田，2015）

不安定な社会の中で自らのライフキャリアを築き続ける力（ライフキャリアレジリエンス）を測る31項目（全然当てはまらないからよくあてはまるまでの6件法：1〜6点：満点186点）．仕事にかかわる事以外のレジリエンスについても測れる尺度であることから介入による強みの変化を見る尺度として使用した．

④対象者への事後アンケート

支援終了時に行った7項目（①「支援を受けてよかったと思いますか」②「支援を受けて性犯罪に及んだ原因に気づくことができましたか」③「支援があなたの性犯罪を防ぐきっかけになると思いますか」④「また性犯罪をしてしまうかもしれない不安を感じていますか」⑤「支援の回数はちょうどよかったですか」⑥「性犯罪を繰り返さないようにするには支援が必要だと思いますか」⑦「支援が必要だと答え場合，早めに相談したりカウンセリングをしたりする方がいいと思いますか」：①〜④は4件法，⑤は3件法，⑥は2件法）を実施した．

3　結果

（1）対象者の特性に関する項目

①属性等

　平均年齢は 36.9（± 10.2）歳（20-29 歳 3 名，30-39 歳 3 名，40-49 歳 4 名，60-69 歳 1 名），最終学歴は高校卒業が 6 人，大学卒業が 5 人，犯行時の婚姻状況は既婚者が 9 人（うち 2 名は事件により離婚），単身者が 2 名，事件時は全員就労していた．7 名は引き続き同じ職場で就労，事件後再就職したものが 4 名いた．

②性犯罪や過去の問題行動歴

　制度利用の契機になった罪名は迷惑防止条例違反 9 人（うち盗撮 6 人，痴漢 2 人，卑猥な言動等 1 人），公然わいせつ 2 名で，処分結果は起訴猶予 4 名，罰金が 7 名であった．過去の性犯罪については逮捕歴ありが 4 名，なし 7 名（うち，露見していないだけで繰り返していたものは 6 名）であった．性犯罪初発からの年数は，5 年以内が 6 名，6 年〜 10 年が 2 名，10 年以上が 3 名であり，今回が初めてという者から 40 年経っているものまで幅広かった．過去の性犯罪以外での逮捕歴は，ありが 3 名，なしが 8 名であった．

③制度利用状況

　制度について知った情報源は検察庁 5 人，ホームページ 3 人，弁護士 1 人であった．支援の期間は平均 185.2 日（± 47.7 日）で，支援回数は 5 回が 3 人，6 回が 7 人，7 回が 1 人であった．5 回では問題を扱いきれなかった事例やコロナ禍でカウンセリングは中断となったが希死念慮がある事例について心情安定のためのカウンセリングも実施したりしたため，内容や回数は事例によって幅が出た．

④補足：テキストの内容実施状況と回数

　7 事例は，インテーク時の情報収集から，これまでに何度も犯行を繰り返していることが分かったため，自己の犯罪に対するさらに深い理解と自己認識が

必要であると判断して，セッション2ないし3において犯行サイクル・維持サイクル（Kahn 2001）を用いたセッションを行った．また，対象者の問題性に合わせてアサーショントレーニングを加えるなど，内容も計画から付け加えた事例もあった．

（2）対象者のリスク状況等

①再犯リスクレベル評価

Blankley et al.（2017）による再犯リスクレベル評価は，Static-99RとSTABLE-2007のスコアを用いて，リスクを5段階（Ⅰ〔低〕・Ⅱ〔低から中程度〕・Ⅲ〔中程度から高〕・Ⅳa〔高〕・Ⅳb〔かなり高〕：レベルⅢが最頻値となる正規分布）で評価する．レベルⅢの再犯率は1年後9.0％（性犯罪再犯3.8％），3年後15.3％（性犯罪6.1％），5年後20.8％（性犯罪7.5％）であり，それを基準にして，レベル1はその0.25倍，レベルⅡは0.5倍，レベルⅣaは2倍，レベルⅣbは3~4倍と考え，再犯リスクの査定に使用する．

本対象者の内訳は，レベルⅠは0人，Ⅱは1人，Ⅲは3人，Ⅳaは6人，Ⅳbは1人となった．各人のスコアは表2に示す．

② ACEs

自己評価による逆境的小児期体験については，0が3人，1つが6人，2つが1人，3つが1人であった．ただし1つと回答した6人のうち2人は，生育歴を見る限り3つの逆境体験が見られ過小評価している可能性もうかがえた．

表2　11名のリスクの詳細

事例名	A	B	C	D	E	F	G	H	I	J	K
Static-99R*	4	4	3	1	6	4	4	4	1	1	3
SABLE-2007**	13	10	5	9	8	9	7	5	13	3	8
リスクレベル ***	Ⅳa	Ⅳa	Ⅲ	Ⅲ	Ⅳb	Ⅳa	Ⅳa	Ⅳa	Ⅳa	Ⅱ	Ⅲ

*-3・-2: 非常に低い、-1・0: 平均以下、1・2・3: 平均、4・5: 平均以上、6以上：平均よりかなり高い
**0-3: 低、4-11：中程度、12以上：高
***Blankley et al.(2017,2019) のルールに従い Static-99R と STABLE-2007 の数値から算出した総合的なリスクレベル

（3）本人による評価の前後比較

　事例数が少ないことから統計的な検討は行っていないため，以下で述べる差は目安である．

　①性加害リスクセルフチェック質問紙

　最初の犯行前3か月間の様子についてリスク状況を尋ねる質問であり，介入によってリスクへの自覚が高まり得点が高くなることが期待される．開始時平均値23.7（±6.3）から，終結時平均26.7（±7.2）に得点が高くなった．

　②思考の誤り尺度

　性行動に関する思考の誤り（加害を合理化する思考）を含む記述に賛成するかを尋ねる尺度であり，介入により思考の誤り（加害の合理化）に気づきやすくなって性に関する歪んだ記述を否定するようになり得点が低くなることが期待される．開始時平均7.9（±3.9）から，終結時平均5.6（±4.1）に得点が低くなった．

　③成人版ライフキャリア・レジリエンス尺度

　仕事を含め，不安定な状況に対処していく強みについてみる尺度であり，介入により得点が高くなることが期待される．開始時平均104.5（±11.2）から，終結時平均108.0（±13.5）に得点が高くなった．

　なお，介入前後の尺度変化については事例ごとに検討する方が有意義であると考えられたため，表3に11名の事例概要と尺度変化について一覧にした．

（4）事後アンケート

　Q1「支援を受けて良かったと思いますか」は，とても思う90％，少し思う10％（あまり思わない，まったく思わない0％）であった．Q2「支援を受けて性犯罪に及んだ原因に気づくことができましたか」は，よくできた45％，少しできた55％（あまりできなかった，まったくできなかった0％）であった．Q3「支援があなたの性犯罪を防ぐきっかけになると思いますか」は，とても思う73％，少し思う27％（あまり思わない，まったく思わない0％），Q4「また性犯

表3 プログラムを完了した11事例の概要

	年代	罪種	性犯罪初発からの年数	過去の逮捕回数	他の犯罪	その他の犯罪	その他問題	その他情報	Static-99Rによるリスクレベル	STABLE-2007によるリスクレベル	組み合わせたリスクレベル	犯行前の生活(リスク)/54	思考の誤り/27	レジリエンス尺度/186	ACES()面接から推定される数値	犯行前生活	思考の誤り	レジリエンス
												介入開始時の数値				尺度の前後差		
A	60代	公わい	40	3		器物損壊・窃盗	不特定多数 異性交際		平均以上	高	IVa	23	11	119	0	-2	+3	+2
B	20代	盗撮	本件初回	0					平均以上	高	IVa	24	8	127	2	+3	-2	+6
C	20代	公わい	1	0					平均	中	III	15	1	156	0	+6	-1	+11
D	40代	盗撮	7	0					平均	中	III	33	15	142	1(3)	+8	-13	+8
E	30代	盗撮	6	1					平均よりかなり上	中	IVb	14	6	116	1	+2	-4	+8
F	40代	盗撮	20	2(小4~)		窃盗(小4~)			平均以上	中	IVa	36	7	143	1	+3	±0	-13
G	20代	盗撮	5	0					平均以上	中	IVa	21	10	129	0	+10	-4	+2
H	30代	痴漢	13	1			飲酒問題		平均以上	中	IVa	20	3	143	1(3)	+5	-4	+12
I	40代	卑猥言動	3	0			借金・ギャンブル	ADHD	平均	高	IVa	25	6	142	1	±0	+2	+1
J	40代	盗撮	1	0					平均	低	II	27	7	136	1	-2	-3	+8
K	30代	痴漢	1	0		大麻・覚せい剤			平均	中	III	23	13	137	3	±0	-2	-6

…数値が1標準偏差以上悪い方向に偏っている／尺度の前後変化では悪い方向に変化している（上位2番目まで）

…数値が1標準偏差以上良い方向に位置する／前後変化で良好な変化を見せているもの（上位1～2番目）

…介入開始時の数値が他と比べて比較的悪い／リスクが高い傾向にある者

…介入開始時の数値が他と比べて比較的良い／リスクが低い傾向にある者

※「犯行前の生活（リスク）」についてはセッションの間に自覚が高まり数値が高まることが多いことから、むしろ最初より低くリスクを申告した対象者を「悪い方向に変化した」とした

罪をしてしまう不安を感じていますか」は，ずっと感じる18%，時々感じる46%，あまり感じない9%，まったく感じない27%であった．Q5「支援の回数はちょうどよかったですか」は，ちょうどよかった36%，もっと受けたかった64%（多かった0%）であった．Q6「性犯罪を繰り返さないようにするには支援が必要だと思いますか」は，はい100%（いいえ0%）であった．Q7「支援が必要だと答えた場合，早めに相談したりカウンセリングを受けたりすることは必要だと思いますか」は，はい100%（いいえ0%）であった．

（5）セッションでの対象者の様子

　多くの対象者が，初回面接の後は思っていた厳しい指導のイメージと違ったという反応をしており，途中で連絡が取れなくなった1名を除いては，全て約束通りにカウンセリングに来談し，最後は「もっと長くてもいい」「話を聴いてもらえる場所はなかなかほかにない」と肯定的な反応を示した．すべての事例を提示できないが，一部，経過を説明する．

　事例Cは，初回面接時には妻に同居を拒否されていた．第1回～第2回で，自分の人生は難しいことよりも楽な方を選んできたため，家族の死，結婚出産，仕事の昇進のストレスが一気にかかり対応できず解放感を求めて犯行に及んだことを内省していった．第3～4回では，生育家庭の文化（言わなくても察する，受け止める）と妻の家庭の文化（言いたいことは言葉に出す）が違っていたのに自分の文化を妻や周囲に押し付けていたことにも気づいていった．最終回直前，妻からカウンセラーと話したいとの希望が出たため，最終回の後半のみ，妻との合同面接を行った．本人は，事件で大事な妻を傷つけたことについて涙ながらに謝罪し，セッションで振り返っていった自分の問題を整理して妻に伝えていた．妻はカウンセラーに「私は何をしたらよいのでしょうか」と尋ねてきたため，「犯罪に関しては本人の責任と努力の問題であり何もしてあげる必要はないこと」や「本人が自分の気持ちを抱え込む癖が出たらきちんと話すよう促してもらえるだけで充分」と伝えると安堵した表情となった．

　事例Iは，ADHDの診断を受けている対象者で，頻回転職，ギャンブル依存による借金がある事例であった．思考の誤りや犯行サイクルなど一定の理解は示し，犯行サイクルの作成時は泣きそうになりながら「恥ずかしい」と振り

返るが，そのことを次回まで覚えていることや，考えたことを行動に移すのが難しい状態であった．「困っている」感覚はあるが積極的に対処方法を考えることは少なく，「胸元の露出の多い女性を見た瞬間にスマホを尻ポケットから出してしまう」と言い良い対策が浮かばないままであった．セッションを6回に増やしたものの劇的な変化はなかったが，今後も再犯の不安はあるとのことで，カウンセラーが別途勤務しているカウンセリングルームに継続で通う事となり，その後1年以上再販なく生活している．数か月後に送った事後アンケートにも「何一つ役に立たないものはなかったです」と回答していた．

4 考察

（1）対象者の特徴（属性，リスク状況，ACEs 等）

　本事業の対象は何度も繰り返して実刑を言い渡される前の早期介入，つまりそれまで一定程度の社会生活を維持するだけの社会的能力を有し，他の犯罪歴はないかあっても少なく，性犯罪についても比較的最近始まった者を想定していた．実際に利用した対象者を見ると，平均年齢は30代半ばで比較的若めの人が多く，学歴がすべて高校卒業以上で大学卒業者も多いこと，また事件時は全員就労しており，事件後解雇された後も再就職先を見つけることができているなど社会生活を維持する強みを多く持っている点は想定の通りであった．

　一方で，過去に複数回性犯罪での逮捕歴がある者が3割強，性犯罪の初発から10年以上経っている者が3割弱もおり，想定していたよりも問題が長期化・深刻化している対象者が含まれていた．これは再犯リスクレベルから見ても，同様のことが言える．今回の対象者は，再犯リスク5段階の中で2番目に高いレベルⅣa以上の対象者が6割以上であった．表4は，カナダ・アメリカで社会内処遇（保護観察もしくは仮釈放）を受けている成人男性性加害者の4つの研究（Hanson, et.al., 2007; Helmus & Hanson, 2012; Helmus, et.al., 2012; Helmus, Hanson, Babchishin, and Thornton 2015）と今回の対象者の Static-99R と STABLE-2007 の比較である．本研究の対象者は，Static-99R はリスクが少し高めで，STABLE-2007 は低リスクの者の割合が他の研究より少なく，中程度の者がかなり多くなっている．Static-99R は高齢になるほど点が引かれる（リ

表4　海外の研究との Static-99R/STABLE2007 比較

研究	N	年齢(SD)	STABLE-2007 平均(SD)	最小	最大	低 N(%)	中 N(%)	高 N(%)	Static-99R 平均(SD)	最小	最大
Hanson,Harris,Scott,and Helmus (2007)	613	41.1 (13.7)	7.4 (5.0)	0	26	153 (24.9)	335 (54.6)	126 (20.5)	2.4 (2.4)	-3	10
Helmus,and Hanson (2012)	4291	40.8 (13.7)	7.5 (4.8)	0	25	931 (21.7)	2,529 (58.9)	832 (19.4)	2.4 (2.5)	- 3	11
Helmus, Babchishin,and Blais (2012)	320	45.0 (13.3)	9.6 (4.7)	1	22	28 (8.8)	182 (56.9)	110 (34.4)	2.3 (3.0)	-3	11
Helmus,Hanson,Babchishin, and Thornton (2015)	179	33.9 (12.3)	7.2 (4.3)	0	21	37 (20.7)	112 (62.6)	30 (16.8)	3.0 (2.2)	-3	9
本研究	11	36.9 (10.2)	8.2 (3.0)	3	13	1 (9.0)	8(72.7)	2 (18.2)	3.2 (1.5)	1	6

海外の4研究のデータは Brankey, Babchishin, and Hanson（2021）より引用

スクが低くなる）項目や，見知らぬ人への性犯罪で加点される項目もあり，平均年齢が低く，かつ盗撮等見知らぬ人を対象にしている本研究の対象者はリスクが高く出るのは当然とも言える．圧倒的に母数が少なく結論を出せることではないが，当事業の対象者はリスクの低い者〜平均という初期の想定範囲の対象者よりもかなり高いリスクの者が半数以上を占めていたと言えよう．社会内に，未治療のハイリスク者（＝要治療的介入者）が相当程度潜在しているということ，そして，法的には施設入所を避けることができている「問題が進化していない加害者」でも，再犯のリスクは別の視点で見る必要があることを示唆している．

　逆境的小児期体験（ACEs）は，本事業の対象者が1つ以上に「はい」と答えている割合は72.7％に上っている．様々な研究により質問項目の数は異なるが，これらの逆境体験を聞く質問に対し少なくとも1つ以上に「はい」と答えた人は，日本人では一般成人で32％（Fujiwara, Kawakami, and World Mental Health Japan 2011），戦争を体験した1948年以前に生まれた高齢者でも37％（Tani, Fujiwara, and Kondo 2020）であり，本研究の対象者はかなり高い割合で1つ以上の逆境体験を経験していた．これは，英・米での研究40％後半〜60％後半（Felitti et al., 1998; Bellis, Hughes, Leclenby, Perkins, and Lowey 2014；CDC, 2020）と比較しても高いと言えよう．あくまで11人のみのデータであり高割合は偶然の可能性もあるが，男性性加害者の ACEs 体験は多いという研

究もあり（Levenson,Willis, & Prescott 2016）性加害者への治療的介入について留意しておく必要がある指標の一つと考える．ACEs は神経発達の阻害を引き起こし，社会的・情緒的・認知的な障害を生み，健康を害するハイリスクな行動をとり，病気や社会的な問題につながって，最終的には死亡率まで高くなる（ナカザワ 2018）と言われているように，生き方全般の問題にもつながるものである．つまり介入は，性加害につながる認知を扱うだけではなく，過去の体験が自分にとってどのような影響を与えているかという被害と加害の両方の視点で本人の問題を再定義して修正していく必要がある．海外ではすでに加害者のトラウマに着目した処遇が推進され始めており（NCTSN 2015; NIC 2020），日本においても認知の歪みの修正を行うアプローチだけでなく，過去の逆境的小児期体験が与えた影響を見極め，トラウマインフォームドな性犯罪者へのアプローチも新しい視点として加える必要がある．

（2）尺度変化について

　対象者本人による評価として使用した尺度（性加害リスクセルフチェック質問紙，思考の誤り尺度，成人版ライフキャリア・レジリエンス尺度）については，既述の通り事例数の少なさから統計処理をしていない．したがって，これまでに触れた基本的事項を含めて一覧にした表3に基づき，事例全体の傾向を見ることで介入の効果について考えることとしたい．

　前後評価において期待する方向に改善傾向がみられたのは，B,C,D,E,G,H である．うち，B,C,D,E,G については，当初にこのモデル事業で想定していたような対象者（初犯で，問題は性に限られ，問題行動歴は10年未満）であり，狙いとした対象に対しては一定の効果が出たことがうかがえた．

　性犯罪歴が10年以上の3人（A, F, H）のうち2人（A, F）は，悪化（尺度変化が期待した方と逆になる）傾向がみられた．この2名は逮捕歴も上位2人であった．性犯罪以外の犯罪経験（逮捕を含まない）がある者（A, F, K）はすべて悪化した尺度があり，その他の尺度の改善傾向も非常に小さいものであった．その他の問題を抱えている者（A, H, I）については，H のみ悪化は見られなかった．これは，H の飲酒問題がさほど深刻ではないことによる一方，A は「仕事も遊びも女性と会うため」，I は「（犯罪時）体が勝手に動いてしまう」と最

後まで思考の誤り（加害を合理化する思考）を強固に抱き続けていたためと思われる．性犯罪初発から10年以上経過している，逮捕歴が複数回以上，性犯罪以外の問題もあり，反社会的な認知が強固な対象者にはうまく介入ができなかったことがうかがえた．これは介入手法の失敗なのか，期間が不足していてもう少し続ければ次第に改善したのかはわからないが，こうした対象者には短期間の治療処遇は向いていないということは言えるだろう．

　ACEs については，3点が1名（K），1点と申告していたが生育歴から見て3点になると予想されるものが2名（D, H），2点が1名（B）であった．面接内容を見ると，本人による前後評価尺度において改善方向に大きく変化している D, H は面接の中で逆境体験について触れ，それが性犯罪にどう影響を及ぼしたか結び付けて話せていたのに対し，本人による前後評価尺度においてむしろ悪化傾向に向かった F, K はセラピーの中でほとんどそのことに触れられていないか，5回の枠組みの中では整理しきれなかったことがうかがえる．ちなみに B については，本研究とは別に回答を求めていた回復力スコア（Rain & McClinn 2013: 本人とそれを元に養育者や周囲の人間から支えられていたことや自分の強みなど保護因子に関することを話し合う用紙）では他の対象者から群を抜いてスコアが上昇していた．精神疾患で入退院を繰り返す母親を抱え家と職場を行き来する生活で，面接で他人とじっくり自分のことを話すのは久しぶりだったと述べており，回を追うごとに服装や身だしなみがきれいになっていった．逆境体験があり他者と安定した関係性を結びづらい人にとって，大人になってから過去を再度振り返って整理するとともに，人と話せる場があり自分の気持ちや体験を客観的にみる場があるというだけでも意味があることなのかもしれないと考えさせられた．幼少時の逆境体験を扱い共感することとそれがいかに犯罪行為に結びついたか一緒に整理し，心理教育を行い，自分の責任ではない部分（被害）と自分の責任の部分（加害）を区別して自身の理解と行動修正をしていくにはカウンセラーの技量も必要であるが，本研究から見る限り，逆境的小児期体験が2点より多めの場合は，体験を扱うことが改善に結びつく可能性を考慮して面接内容を組み立てたり，当初より回数を多めに設定するという提案ができる．

（3）対象者のアンケート調査

ユーザーとしての対象者からの意見はおおむね良好であった．就労している対象者と密に面接予約をすることが難しく，支援は基本的に月1回，平均の支援期間は平均約185日（6か月）に渡ったものの，回数はもっと多く受けたかったという者が7人いた．処分確定後，生活を立て直している時期に面接をするという特性もあり，性犯罪のことだけではなく仕事のこと，家族との関係などを話せることも良い面だったのかもしれない．

（4）対象者とのやり取り

事例Bをはじめとして，誰にも自分の家庭環境や被虐待経験などを話したことがなく，それ故に自分の状況が苦しいという事が理解できないまま，感情を否認し続け，それが犯罪行為につながっている事例が複数例見られ，これまで素直な気持ちを受け止めてもらえる場がなかった人にとって早期のカウンセリングは大事な「人に話す変化のきっかけ」の場になりうると感じられた．また，事例Cについて妻がカウンセラーから「犯罪行為にあなたが責任を負う必要はない」と言われて安堵する様子を通じて，（当然のことではあるが）家族は自責感や対象者への嫌悪感や怒り，愛情など一人で対処するのは難しい感情を抱えていることも痛感され，支援の範囲に家族も入れていく必要性も感じた．事例Iのように尺度上に肯定的な変化も見られず，かつ再犯のリスクも高いまま終わってしまった事例もあったが，その後別の有料カウンセリングにつながるなど，支えとしての機能は果たせたことが伺える事例もあり，数値には出ない効果もあると考えられた．同時に，発達の偏りや知的な制約のある人にとっては，息の長い支援の体制を組むことの必要性も感じさせられた．

（5）本事業の取組の意義と早期介入の在り方について

本事業には，予想に反し初発からの年数が10年以上だった者も含まれた．もし彼らが初発当時にこの「初期介入」があれば効率的な治療教育ができたかもしれないとも考える．「早期介入」を継続的に実施することで，保護観察や刑務所等の強制力のある処遇の対象となる前に対象者らがプログラムを受講し，結果として被害者を少しでも減らしていける．地方公共団体は，強制力がない

という点で無理に治療的介入を行う力は乏しい一方，監視や罰則に基づく「処遇」ではなく住民サービスとして「支援」を行うため，変わりたいという動機がある人を，地域の他の組織と協働で支えながらサポーティブに治療的介入ができるという点では，早期介入に向いていると言えよう．

　これまで主として法務省専門職員に任されることの多かった性犯罪者処遇ではあるが，本事業を通して，一定の知識と訓練を受けた治療者であれば，社会の中で性犯罪者に介入していくことも十分可能であることを示せた．地方公共団体が拘禁施設から出てきた犯罪者を「受け入れる」存在としての立場から，自分たちの社会の安全を保つために自分たちの力で支援者を育て積極的に介入ができることを示せたことは，地域の状況に応じた施策を策定・実施するモデル事業が求めていることでもあり，本事業は，いわゆる再犯防止推進法が求める，地方公共団体が主体性を発揮した事業の一つの形を示したともいえよう．

5　結論と今後の課題

　当初の対象者のリスク想定を低く見積もりすぎたが，想定リスク内の対象者には一定程度の変化が認められた．また，対人関係様式に影響を及ぼす逆境的小児期体験を経験した人でも，プログラム内でその体験を扱い，人生に及ぼした影響を整理できれば，比較的短い（少ない）介入でも変化をもたらすことができた．しかし，初発からかなり時間が経ち，他の犯罪歴もあるなどリスクが高めの対象者も含まれており，そうした対象者には良好な結果が見られなかった．母数の少ない状況で断言はできないが，実際にリスクアセスメントツールに基づくリスクも比較的高めに位置するものが多く，非接触系の性犯罪者が社会内で未治療・未介入のままになっていることが浮き彫りとなった．すべての対象者に有効なプログラムを構築することは不可能であり，資源も限られているが，多様な観点からアセスメントし，介入の回数やアプローチの仕方（加害を合理化する思考の誤りを重点的に扱うとか，逆境的小児期体験の整理に軸を置く，など）を実施していくことが必要である．

　また，本研究は対象者の数が非常に少なく，ここで述べていることは仮説にすぎない．事業自体は 2020 年度末で終了したが，今後同様の試みが行われる

ようであれば，データを集積し，社会内の地方自治体による介入ではどのような アセスメントをし，どこに留意すれば有効な介入ができるかを検討し続けることが必須である．また，カウンセラーのスキル向上も課題の一つである．冒頭に述べたように大阪府は性犯罪者の出所者支援を行っていることもあり，一定程度知識やスキル，経験のあるスタッフが集まれた上，性犯罪者処遇に詳しい大学教員のスーパービジョンなどを得ることができたが，その他の地方公共団体で性犯罪者への早期介入を行う際には一から体制を構築する必要がある．民間の専門家の中で，性問題行動・性暴力をきちんと扱える専門家を増やしていくことも重要な課題であると考える．

　最も大きな課題は，再犯データを取ることができないことであり，モデル事業全体の課題でもある．大阪府から法務省に交渉を重ねているが，国が管理する逮捕・再入所のデータは公開できないとのことであり，せっかくの介入がその後効果があったかどうかを検討できずにいる．現在は今回の研究のような尺度の前後評価，本人たちへのフォローアップ調査を行っているが，国と役割分担をしながら主体的に再犯防止推進事業を進めるためには，こうした情報の共有も課題になろう．本当の意味で地域に根差した事業を行っていくためには，国が情報を共有せず管理をする側にいるだけではない，新たな協働のあり方が構築されていくことを願っている．

　最後に，本事業の対象となり，終了まで至ったのは11名であったが，本事業には多くの利用問い合わせがあった．多くは対象外の犯罪（強制わいせつ等）であったり，まだ裁判中であったりしたことから除外されたが，潜在的ニーズの多さを感じたのも事実である．資源の少ない性犯罪者の社会内での治療教育・支援体制であるからこそ，こうした地方公共団体主体の試みがより継続し，広がっていくことを期待したい．

［謝辞］
　性犯罪者への具体的な再犯防止・社会復帰支援に全国でいち早く取り掛かった情熱とノウハウを元に，本論文の現場となる地域再犯防止推進モデル事業が円滑かつ効果的に実施できるよう諸々ご配慮いただいた大阪府政策企画部青少年・地域安全対策室治安対策課の皆様に感謝申し上げます．また，面接に関する情報の取りまとめには，同事業のカウンセラーである今井由樹子氏・青山絵美子氏・田中優喜氏にも多大なるご尽力をいただきました．併せて感謝申し上げます．

［文献］

Andrews, D.A. and Bonta, J.（2010）The psychology of criminal conduct（5th ed.），New Providence, NJ: LexisNexis Matthew Bender.

Brankley, A.E., Babchishin, K.M., Chankin, L., Barsetti, I., & Hanson, R.K.（2019）ACUTE-2007 EVALUATOR WORKBOOK REVISED ACUTE2007 研修配布資料

Brankley, A.E, Babchishin, K.M., Hanson, R.K.（2021）STABLE-2007 Demonstrates Predictive and Incremental Validity in Assessing Risk-Relevant Propensities for Sexual Offending: A Meta-Analysis. *Sexual Abuse.*, 33（1），34-62.

Brankley, A.E., Helmus, L.M. & Hanson, R.K.（2017）STABLE-2007 EVALUATOR WORKBOOK REVISED 2017 STABLE2007 研修配布資料

Bellis, M.A., Hughes, K., Leclenby, N., Perkins, C. and Lowey, H.（2014）National household survey of adverse childhood experiences and their relationship with resilience to health-harming behaviors in England. BMC Medicine. ,12-72. 参照元：https://bmcmedicine.biomedcentral.com/track/pdf/10.1186/1741-7015-12-72.pdf（2021 年 4 月 1 日取得）

CDC（Center for Disease Control and prevention）（2020）About the CDC-Kaiser ACE Study 参照元：https://www.cdc.gov/violenceprevention/aces/about.html?CDC_AA_refVal=https%3A%2F%2Fwww.cdc.gov%2Fviolenceprevention%2Facestudy%2Fabout.html（2021 年 4 月 1 日取得）

Felitti, V.J., Anda, R.F., Nordenberg, D., Williamson, D.F., Spitz, A.M., Edward, V., Koss, M.P., and Marks, J.S.（1998）Relationship of Childhood Abuse and Household Dysfunction to Many of the Leading Causes of Death in Adults The Adverse Childhood Experiences（ACE）Study. *American Journal of Preventive Medicine*, 14（4），245-258.

Fujiwara, T., Kawakami, N., and World Mental Health Japan（2011）Association of childhood adversities with the first onset of mental disorders in Japan: Results from the World Mental Health Japan, 2002-2004. *Journal of Psychiatric Research*, 45, 481-487.

法務省（2016）『再犯の防止等の推進に関する法律（再犯防止推進法）』参照先：http://www.moj.go.jp/hisho/saihanboushi/hisho04_00035.html（2021 年 4 月 1 日取得）

法務省（2019）『地域再犯防止推進モデル事業の実施状況』参照先：http://www.moj.go.jp/content/001324099.pdf（2021 年 4 月 1 日取得）

Hanson, R.K., Harris, A. J. R., Scott, T.-L., & Helmus, L.M.（2007）Assessing the risk of sexual offenders on community supervision:The Dynamic Supervision Project（User Report No. 2007-05）. Ottawa, Ontario: Public Safety Canada. Retrieved 参照元：

http://www.publicsafety.gc.ca/cnt/rsrcs/pblctns/ssssng-rsk-sxl-ffndrs/index-eng.aspx（2021 年 4 月 1 日取得）

Hanson, R.K., Harris, A.J.R., Scott, T.L., & Helmus, L.M（2007）Assessing the risk of sexual offenders on community supervision: The Dynamic Supervision Project（User Report, Corrections Research）. Ottawa, Ontario: Public Safety Canada. 参照元：https://www.publicsafety.gc.ca/cnt/rsrcs/pblctns/ssssng-rsk-sxl-ffndrs/index-en.aspx#a05（2021 年 4 月 1 日取得）

Helmus, L.M., Babchishin, K. M., & Blais, J.（2012）Predictive accuracy of dynamic risk factors for aboriginal and non-aboriginal sex offenders: An exploratory comparison using STABLE-2007. *International Journal of Offender Therapy and Comparative Criminology,* 56, 856-876.

Helmus, L.-M., Hanson, R. K., Babchishin, K. M., & Thornton, D.（2015）Sex offender risk assessment with the Risk Matrix 2000: Validation and guidelines for combining with the STABLE-2007. *Journal of Sexual Aggression,* 21, 136-122.

Helmus, L.M., & Hanson, R.K.（2012）Dynamic risk assessment using STABLE-2007: Updated follow-up and new findings from the dynamic supervision project. The 31st Annual Research and Treatment Conference of the Association for the Treatment of Sexual Abusers 配布資料

今井由樹子・藤岡淳子・奥田剛士（2018）「学校教員の性加害リスク・セルフチェック質問紙作成の試み」『日本犯罪心理学会第 56 巻特別号日本犯罪心理学会第 56 回大会発表論文集』, 78-79.

Kahn, T.J.（2001）Pathways: A guided workbook for youth beginning treatment,3rd.ed. Safer Society. 藤岡淳子監訳（2009）『回復の道のり：パスウェイズ：性問題行動のある思春期少年少女のために』誠信書房

Levenson, J.S., Willis, G.M., and Prescott, D.S.（2016）Adverse Childhood Experiences in the Lives of Male Sex Offenders: Implications for TraumaInformed Care *Sexual Abuse: A Journal of Research and Treatment,* 28（4）, 340–359.

ナカザワ・ドナ・ジャクソン（2018）『小児期トラウマがもたらす病　ACE の実態と対策』パンローリング

NCTSN:The National Child Traumatic Stress Network（2015）ESSENTIAL ELEMENTS OF A TRAUMA-INFORMED JUVENILE JUSTICE SYSTEM. 参照元：https://www.nctsn.org/resources/essential-elements-trauma-informed-juvenile-justice-system（2021 年 4 月 1 日取得）

NIC:National Institute of　Correcion（2020）Becoming Trauma Informed: An Essential Element for Justice Settings 参　照　元：https://nicic.gov/series/becoming-trauma-informed-essential-element-justice-settings（2021 年 4 月 1 日取得）

大阪府青少年・地域安全室治安対策課（2019）『大阪府子どもを性犯罪から守る条例」
の運用状況について』参照先：http://www.pref.osaka.lg.jp/attach/15107/00314084/
houkokusyo%20.pdf（2021 年 4 月 1 日取得）

Phenix, A., Fernandez, Y., Harris, A.J.R., Helmus, L., Hanson, K.R. & Thornton, D.（2016）
Static-99R Coding Rules Revised – 2016. 参照元：http://www.static99.org/pdfdocs/
Coding_manual_2016_v2.pdf（2021 年 4 月 1 日取得）

Rain,M.and McClinn,K（2013）Resiliense Score ※元の文章は論文化されておらず多く
のサイトで引用されている．一例は https://rappahannockareacsb.org/wp-content/
uploads/2020/06/Resilience-Questionaire-with-Ungar-Slide.pdf

高橋美保・石津和子・森田信一郎（2015）「成人版ライフキャリア・レジリエンス尺度
の作成」『臨床心理学』15（4），507-516.

Tani, Y., Fujiwara, T., and Kondo, K.（2020）Association Between Adverse Childhood
Experiences and Dementia in Older Japanese Adults　JAMA Netw Open. 2020 Feb
5;3（2）:e1920740. 参照元：https://jamanetwork.com/journals/jamanetworkopen/
articlepdf/2760439/tani_2020_oi_190778.pdf（2021 年 4 月 1 日取得）

Ward, T.,Mann, R.E.,and Gannon, T.A.（2007）The good lives model of offender
rehabilitation: Clinical implications. *Aggression and Violent Behavior,* 12, 87-107.

Ward. T., & Hudson. S. M.（1998）A model of the relapse process in sexual offenders.
Journal of Interpersonal Violence, 13, 700-725.

Ward T. & Keenan, T.（1999）Child Molesters' Implicit Theories.*Journal of
Interpersonal Violence,* 14（8），821-838.

オンライン研究集会

日時：2021 年 2 月 11 日（木）〜 2 月 28 日（日）

オンライン研究集会記事
（2021 年 2 月）

Online Research Conference Report (February 2021)

編集委員会

　2020 年に京都で開催を予定していた学会大会は新型コロナウィルス対策の関係で中止となったが，理事会で検討した結果，研究発表の場をオンライン研究集会として提供することとなり，e-ポスターによるオンライン研究集会として実施された．

　実施期間は 2021 年 2 月 11 日（木）〜 2 月 28 日（日）とし，学会ホームページに期間限定の特設サイトを設定して実施した．会員，非会員とも当該サイトより閲覧を可能とした．また，会員，非会員とも報告者に対して質問，意見を送付することができ，e-ポスター作成者との間でディスカッションを行った．

　e-ポスターによる研究集会は本学会にとって初めての試みであり，対面形式でない掲示板形式のディスカッションの難しさもあったが，対面で実施した場合に必要となる参加時間の確保，会場への移動や宿泊という制約がないかたちで研究集会を実施できたことは，貴重な経験となった．

　以下，報告タイトルと報告者のみ記載する（報告者の所属は発表当時のものである）．

(1) スクールカウンセラー・スクールソーシャルワーカー・スクールロイヤーに関する諸問題—いじめへの対処の観点から—

　　　　　　　　　　　　　　　　　　　永田憲史（関西大学法学部教授）

(2) 被疑者・被告人となった知的障害者への支援に関する研究〜入口支援にお

　ける弁護士と福祉従事者の連携に焦点化して〜

金子毅司（埼玉福祉保育医療専門学校講師）

木下大生（武蔵野大学人間科学部准教授）

(3)　ソーシャルワーカー養成におけるハラスメント教育の現状と課題

坂野剛崇（大阪経済大学人間科学部教授）

中澤未美子（山形大学学術研究院准教授）

(4)　地域における高齢者への法的支援ネットワークの実態と機能に関する事例
　　研究

山口絢（日本学術振興会特別研究員 RPD・東京大学社会科学研究所）

(5)　刑事弁護への社会福祉士の関与に関する調査（報告）
　藤原正範（日本福祉大学ソーシャルインクルージョン研究センター研究フェロー）

書 評

細井洋子　辰野文理 ［編著］

高齢者犯罪の総合的研究

社会保障，雇用，家族，高齢化を視野に比較文化的に考察する

風間書房・2021 年・定価：本体 6,000 円＋税

宍倉悠太*

1　はじめに

　わが国では人口に占める高齢者（65 歳以上）の割合が上昇を続けており，平成 19（2007）年には同人口が全人口の 21％を超える「超高齢社会」に突入した.しかし，高齢者の犯罪はこうした人口比の増加のみでは説明できない勢いで増加している. 既に犯罪白書も平成 20（2008）年と平成 30（2018）年に特集テーマで取り上げてきたように，高齢者犯罪への対策がわが国の刑事政策上喫緊の課題となっていることは，今さら強調するまでもないであろう. こうした状況の中，編者らのグループはこのテーマにいち早く着目し，学際的観点から高齢者犯罪の実態に迫るべく研究を行っており，本書はその約 10 年間にわたる研究成果をまとめたものである.

　副題にも示されているとおり，本書には高齢者犯罪に対する多角的な分析と検討の成果が収められている. 以下，本書の内容を概観し，その意義について述べてみたい.

---

*国士舘大学法学部准教授

2 本書の内容

　第一に，研究の理論的土台について，本書「はじめに」によると，本研究は高齢者犯罪に対する学際的研究であるが，高齢者の「生活世界」に迫ることを共通領域としている．すなわち，高齢者犯罪の背後にある日本の社会的構造を，「時代性」という時間軸と，その時代において展開する「社会的空間」という空間軸から捉える．そして「生活世界」とは，当該高齢者がこれらの時間・空間軸の中で行う認識・評価・取捨選択に基づき構成されるものだが，本書ではこの「生活世界」を意識して高齢者犯罪のメカニズムを読み解こうと試みている．こうした観点に基づき，本書では導入となる第1編においてわが国の高齢者をとりまく社会状況に関する分析を行っているほか，海外の高齢者犯罪を扱った第4編においても，各国の高齢者をめぐる社会状況を含めた分析を行っている．

　第二に，本書はその目的に関して，「国策としての『再犯防止』に直接寄与するものではない」ということを明記する．そのうえで，「人が高齢期の段階において『犯罪』を繰り返す必然性は何か，について，わが国の高齢受刑者の一人一人のもがきや葛藤を通して明らかにしたいと考える」というように，高齢者の犯罪を，いわばその「生活における一事象」として捉えようとする姿勢を強調する．これは上述の「生活世界」というキーワードに連なるものであり，編者も述べているように，高齢者犯罪を通してその背後にある「日本社会の構造的な側面」に目を向けようとする姿勢の現れでもある．

　第三に，本書の構成を確認する．

　本書は全4編，総計29章から構成される．各章は社会学，社会心理学，社会福祉学，刑事政策学等を専門とする国内・海外の研究者や実務家総勢31名により執筆されており，約600頁，高齢者犯罪の研究書としては質量ともに他に類を見ない大著である．各編・各章ともに示唆に富む内容が多く含まれているが，紙幅の都合もあり，以下各編ごとにその概要を紹介することとしたい．

　第1編は，「わが国の高齢者がおかれている社会的状況」であり，全2章から構成される．第1章は「高齢者を取り巻く社会的諸状況について」だが，本

章の分析をまとめると「急速な少子化と高齢者の長寿化に伴い，それまで考える必要の無かった数十年先の生活設計を高齢者が意識せざるを得なくなったこと」「世帯の縮小と機能低下に伴う高齢者介護の困難」「介護保険制度の導入とその契約に基づくサービス的性質に伴う地域の関係の希薄化や活動衰退」「非正規雇用者の増加とその社会保障機能の不全が招来する高齢者の生活困窮」といった，高齢者を取り巻く諸問題が浮き彫りにされる．さらに第2章では「ポスト福祉国家における排除と包摂の考察のために」として，ポスト福祉国家における脆弱な個人の「ケア」の在り方が論じられる．本章の結論では，刑事司法も行為責任のみならず行為者の事情をより一層考慮することが求められつつあるということに加え，「他者へのケアは，様々なボランティアの役割を含めた支えの関係を多元的に形成することが不可欠」ということが記されているが，これは罪を犯した高齢者へ対応する機関や団体にも「点」ではなく「面」での対応が求められることを示唆しており，第1章で指摘された諸問題を含めた解決策の方向性を提示するものでもあろう．

　第2編「わが国の高齢者犯罪の実情とその背景」は，全7章から構成される．ここでは高齢者犯罪に関する官公庁の統計や調査に基づく分析のほか，司法福祉，当事者のインタビューやライフヒストリー，刑事弁護のケース，更生に携わる実務家からの報告，海外研究者による日本の受刑者調査といった様々な側面からの分析結果が示される．全章を通読すると，社会生活を送る中で抱えてしまった困難と，その解決の過程において犯罪に携わることになった高齢者の姿が具体性を持って立ち現われて来る．全てに通底する犯罪化のプロセスを明確に示すことは未だ評者の力量の及ばぬところであるが，各章で示されている生活上の困難の内容を挙げると，おおよそ「認知機能や身体機能の低下」「社会における地縁・血縁・社縁などの関係性の喪失」「自己同一性の喪失に伴う自己肯定感・自己統制能力の低下」などに帰着され，さらにこれらが社会的孤立や経済的困窮と関わり合い，犯罪を引き起こしている様子が読み取れる．これらは伝統的な犯罪学が指摘してきた「個人の資質」と「周囲の環境」という犯罪要因の範疇に属するものからさほど大きくかけ離れているわけではない．しかし，彼らの犯罪からの立ち直りの過程に着目すると，「自分自身への対峙による自己同一性の回復」や「社会資源等の利用による関係性の回復」といっ

た点が成否のポイントとして随所に挙げられているものの，ここで再び「高齢」という要素がこうした立ち直りの機会獲得や活用の可能性を大きく左右することになっている．

　続く第3編は「わが国の『高齢受刑者調査』からみる高齢犯罪者の特徴」であり，全8章から構成される．ここでは，平成24（2012）年・28（2016）年・29（2017）年の3回にわたる編者らの研究グループによる高齢受刑者調査の結果が，各回の調査結果の考察のほか，女子受刑者に着目した考察，実態と生活意識に着目した考察としてまとめられている．このうち第2章の考察では，日本の高齢受刑者を「人間関係の強弱」と「人や社会に対する信頼感」という軸に基づき「安定群」「自立志向群」「他者依存群」「不安定群」の4つの類型に分類している．全体の約15％を占める「安定群」を除く3つの類型において，関係性や生活条件がやや低いか不安定であるという結果は，犯罪の背景に社会的孤立や経済的困窮があるという第2編の指摘とおおよそ一致している．他方，女子受刑者の分析と考察からは，出所後の生活に関する男女の意識の違いが明白になる．すなわち，多くの高齢男子受刑者が出所後も「仕事中心の生活」を望む一方で，高齢女子受刑者は改悛の強い意識とともに，「家族との同居」を希望している．これを単純に裏返せば，男子は「就労上の問題」が，女子は「家族関係の喪失」が犯罪に至る要因として大きな比重を占めているということになろう．また，罪名では男女とも窃盗が多いが，1回程度の軽微な財産犯で直ちに刑務所に収容される可能性が低いわが国の刑事司法システムの特徴を鑑みると，軽微な財産犯を繰り返して受刑者となる者も相当数いる様子が伺える．こうした結果を第2編における指摘とあわせ考えると，彼らが生活の中で犯罪を繰り返すようになる過程と，そこに関わる自己同一性の喪失や関係性の喪失といった問題への対応が，その立ち直りの在り方を論じるうえでポイントとなるようである．高齢犯罪者の立ち直りをめぐる問題については，本書の意義において改めて示すこととしたい．

　最後に第4編は，「世界にみる高齢者犯罪の動向と課題」として，全12章から構成される．標題にあるとおり，ニュージーランド，オーストラリア，韓国，アメリカ，香港，台湾，英国（イングランド及びウェールズ）における高齢者犯罪の動向と課題が考察され，うちいくつかの国と日本での共通の質問紙調査の

結果も示される．各国の状況を見ると，既に高齢社会を迎えた国，これから迎える国など様々だが，同時にわが国ほど人口の高齢化が進んだ国も無いことが分かる．一方，高齢者犯罪の状況は様々であり，例えばニュージーランドやオーストラリアでは，性的暴行やその関連犯罪の増加と刑期の長期化が問題となっている．英国でも，性犯罪の刑期を長期化する方向での法改正の結果，高齢受刑者の増加が深刻な問題となっていた．これに対し韓国では，貧困に伴う生活不安や世代間葛藤による孤独化が高齢者犯罪の背景にある．また台湾では高齢者犯罪が増加する一方で，罪を犯した高齢者は「敬老尊賢」という伝統的価値観を覆した者として「家族の恥」とされ，社会復帰における家族からの援助が得にくくなるという問題が浮上している．歴史的・文化的・制度的背景も含めた各国の高齢者犯罪の動向は示唆に富むものであり，今後のさらなる比較研究を進める際にも大いに参考になる．

3　本書の意義

　最後に，本書の意義を示したい．

　本書がわが国の高齢者犯罪の実態を多面的分析により明らかにしたことの意義は，改めて強調するまでもなかろう．だがこれに加えて本書から見えてくることは，長寿化したことで高齢者が抱えることになった新たな葛藤の姿である．一般的に平均寿命が延びることは，福祉国家としての充実度を示す良いメルクマールとなりそうだが，しかしそれは高齢者にとって，人生の中でよりよい人格形成に従事する時間が増えることや，より多くの関係性を構築する機会が増え，周囲の環境変化への受容能力が増すことと必ずしもイコールではない．第1編の指摘にもあったように，高齢者は長寿化に伴い，これまで必要の無かった数十年後の生活設計を考えることを余儀なくされている．また，数年前に登場した「漂流老人」という言葉にもあるように，そうした切り替えができず，自らの老後を選べなくなった高齢者もいる．ましてその中で犯罪に携わってしまった高齢者は，その生活から脱却するための「人格の陶冶」や「環境の変化」といったことも迫られることになる．本書の中にも，「自分自身との対峙」「居場所作り」といったことが立ち直りのキーワードとして散見されるが，

人間の成長発達過程を一通り終えているはずの高齢者が，自助努力によって「自己の再構築」を図ることには，多大な困難が立ちはだかることが予想される．さらに，立ち直りを考えるとき，人生の晩年に差し掛かった高齢者の「尊厳」の問題もまた無視することはできないであろう．そうした中で，罪を犯した高齢者の立ち直りとは，一体何を指標とすべきだろうか．本書を一読すると，わが国の刑事政策は，「罪を犯した高齢者の立ち直り」を支えるための新たな価値を創造すべき時期に差し掛かっているという想いを新しくする．随所においてこの点に気付かされることこそが，本書の最大の意義であるといえる．

加えて，本書で紹介された海外の動向からは，罪を犯した高齢者へ対応する仕組みをわが国が今後さらに整えていくことの重要性も再認識させられる．わが国の高齢化の進展が他国に類を見ないということは，自ずと高齢者犯罪への対策においても他国の先例がなく，わが国が先駆者にならなければならないことを意味する．この点，わが国では罪を犯した高齢者を対象とした最近の取組みとして，いわゆる「出口」支援や「入口」支援のような司法システムから福祉システムへのダイバージョンが展開してきたが，こうした場面において，第1編でも指摘のあった関係機関・団体による「面」での対応を今後いかに整えていくかが重要となろう．他方，本書第4編にある台湾の高齢犯罪者対策の論考には，「高齢犯罪者に対し，少年法体系のように特別な高齢法体系を設ける必要があり，現行の法体系の修正が必要ではないかという世論もよく議論されている」という記述があるが，わが国もいずれ立法レベルにおいてこのような議論が求められる時期が訪れるかもしれない．法制審議会で進められた少年法適用年齢引き下げの議論は，刑事司法システムにも大きな転換を迫る機会となったが，刑事司法システムに関する改正は高齢者も決して無関係ではなく，今後はさらにそのような角度からの検討も求められることになろう．こうした点も本書の意義の一つといえ，高齢者犯罪の対策に関して今後さらなる研究を行うことを志す者にはもちろん，司法福祉分野に携わる者にも一読の価値があるといえよう．

書　評

掛川直之［著］

犯罪からの社会復帰を問いなおす

地域共生社会におけるソーシャルワークのかたち

旬報社・2020 年・定価：本体 2,500 円＋税

湯原悦子＊

　今回，恐縮ながら掛川直之氏の最新著書の書評を担当することになった．私は掛川氏とは以前から研究会や学会でよく顔を合わせており，ここ 3 年ほどは再犯防止推進施策に関わる共同研究に携わっている．彼の研究成果からは常々，問題の本質に切り込んでいく鋭さ，その一方で当事者を思う視点の温かさを感じている．そして今回ご紹介する本書からも，それらの視点を随所に感じ取ることができる．

　本書では，はじめにのなかで，次のような疑問が提起されている．
　「雨後の筍のようにそこかしこで語られるようになった犯罪からの社会復帰や更生，立ち直りといったことは，いったい誰の，何のためのものなのだろうか」．
　この指摘はここ数年，私が抱き続けていたモヤモヤに見事にヒットした．私は現在，2 つの自治体の再犯防止推進計画の立案に携わっている．その関係で自治体職員と意見交換をする機会は多いのだが，なかには「自治体が犯罪をした人の社会復帰を支える」ことに戸惑いを抱いている者が少なからず存在する．彼らにとって再犯防止とは，国や刑事司法機関が取り組む事業であり，そこにどう自治体が絡むのか，具体的なイメージを持ちにくいのである．

＊日本福祉大学社会福祉学部教授

再犯防止推進計画の策定に向け，国が示した基本方針の一つが「被害者感情を踏まえた自助努力を前提とした施策の推進」であることも，事態を混乱させているように思う．私は自治体職員に対し，「再犯を防止することにより新たな被害者を出さない，それは社会にとってとても重要なこと」と説明しているが，そのたびに「犯罪からの社会復帰や更生，立ち直りは，いったい誰の，何のためのものなのか」と疑問を抱いていたのだ．この状況を本書に基づき言語化するとすれば，「社会復帰の主体であるべき出所者たちは，再犯防止の名のもとに，わたしたちの生活の安全・安心を脅かす単なる社会防衛のための客体になってしまっているのではないか（iv）」という懸念なのだろう．

　そして，著者の次の提起も心に刺さる．「そもそも，社会から逸脱し，排除される者たちは，本当にその社会に復帰しなければならないのだろうか．自分と違う異質な他者を受け入れがたいマジョリティが構成する社会のほうこそが変わるべきである可能性はないのだろうか（50p）」．再犯防止推進計画を策定する際，私たちは当然のごとく，対象者を今の社会へどう包摂していくかと考えるのだが，それは果たして適切なのか．もっと言えば，施策立案者や支援者が「支援」として行うことは，果たして本当の意味での支援になっているのか．計画の対象者に対し，今の社会に沿うべく変容を求めるだけでは，生きづらさを抱える者が社会から逸脱していくという構造は変わらない．この点について，著者は，第一に個人の生活困窮に視点を置くことが必要と述べる．これは重要な指摘だろう．個々人の生活困窮と照らし合わせながら社会が変わるべき可能性をも追及していくことが，問題の実体的解決につながるのである．私たちはこの方向からの社会変革を常に念頭におき，施策を立案し，支援を行っていくことが求められる．

　さて，ここからは本書の構成に沿い，私が注目したポイントを述べていくことにしよう．

　本書は第一部と第二部に分かれており，第一部は「〈処遇〉から〈支援〉へのパラダイム変換」，第二部は「地域で支える住まいと暮らし」となっている．

　第一部では，はじめに日本の犯罪動向を示し，社会的排除という概念からデータの読み解きがなされる．著者が独自に作成した刑事司法と福祉の連携の系

譜について，施策の流れが端的にまとめられており，資料的な価値が高い内容となっている．続けて「誰の，何のための社会復帰か？」という問いが示され，国会会議録のテキスト分析の結果をもとに，政策形成過程における社会復帰の捉え方が示される．そこから導き出された「社会復帰する犯罪行為者その人が，実質的には処遇の客体としてしか扱われていない（44p）」という指摘は重く受け止めなければならないだろう．第3章では，再犯防止推進法について論じられており，「国民の安全・安心のために強制される〈支援〉の仮面を被った押し付けがましい〈処遇〉では，再犯防止は刑罰と同様に苦痛でしかない」と語られる．続く第4章では，10名の出所者の生活史が示され，貧困・社会的排除と犯罪の関係性，さらには出所者の地域生活を可能にするために何が重要かについて分析がなされる．事例を読むと，それぞれがどのような生活困難を抱えていたのか，それがどう犯罪につながっていったのかがよく分かる．分析結果をもとになされた考察は，支援を行ううえで軸とすべきものであり，重要な指針であると感じたため，ここでその一部を紹介しておきたい．

　「たとえ何度再犯したとしても，見放さずに伴走し続けること，よりそい続けることによって，その人が大切にされている，ここに存在していいのだと実感できたときにはじめて，犯罪行為から離脱できるのではないだろうか（88p）」，出所者たちに「必要なのは犯罪者に対する〈処遇〉ではなく生活困窮に対する〈支援〉である（89p）」．

　次に，第二部「地域で支える住まいと暮らし」では，出所者の生活困窮に対し，実際にどのような支援を行っていくとよいのかについて具体的な知識を得ることができる．第5章では，出所者の居住支援が「地域生活を支えるための4つのステージ」として整理されており，これを読めばいつの段階で，何をめざし，どのような支援を行えばよいのかが分かる．第6章では，出所者の『住まう』を支えるための様々な支援方法が紹介されている．なかでも著者がまちに出て，当事者である出所者とともに取り組んだ支援活動に関する記述は大変興味深い内容であった．第7章は出所者に特化した伴走型支援のパイオニアとして認定特定非営利活動法人静岡司法福祉ネット明日の空，特定非営利活動法人ささしまサポートセンター，株式会社Nの活動が紹介されている．この章

では特に「社会復帰や更生，立ち直り，あるいはその支援についてのかたちを
モデル化していくことの怖さ（154p）」という指摘に考えされられた．終章の
「地域共生社会時代のソーシャルワーク」では，刑事司法ソーシャルワーカー
が地域共生社会の構築にいかに関与していくのかについて，筆者の主張「クラ
イエントのあたりまえを，公共の福祉に反しない程度にまで軌道修正をおこな
いつつ，クライエント自身に関心を抱き，社会のルールやソーシャルワーカー
の想いとのあいだで折り合う点を考えていくこと（167p）」はとても腑に落ち
るものであった．加えて「刑事司法ソーシャルワークの実践においては，『こ
こにいていいのだ』というクライエントに対する〈存在承認〉が必要条件とな
り，再犯も含めたさまざまな揺れにも寄り添い続けることが十分条件になって
いく（168p）」は，悩み多き現場の支援者にとって，拠りどころとなる内容で
ある．支援者がなすべきことは，本人とともに，その人なりに犯罪をしなくて
もすむ生活のあり方を発想していくことであり，たとえ失敗してもあきらめず，
何度も今，ここから歩み始めればよいと腹をくくることではないか，と思うに
至った．

　ちなみに著者がイメージする「立ち直り」は実に自然体である．「同じ過ち
を繰り返さないために，まずは，その人なりに，過去の消せない事実と向き合
っていくことができればそれでよいはず（87p）」「（その人にとっての）ふつう
の場所での，ふつうの暮らし」を実現し，ひっそりと社会に戻る，という社会
復帰のかたちがあってもいいのではないだろうか（87p）」．これらの記述からは，
「立ち直り」をソーシャルワークの視点から考えていくことの重要性を学ぶこ
とができた．

　本書は特に，犯罪をした人の社会復帰，地域における再犯防止推進，刑事司
法ソーシャルワークに携わる人にはぜひ目を通してもらいたい，必読の書であ
る．著者にはこの先も，問題の本質に切り込んでいく鋭さ，その一方で当事者
を思う視点の温かさを兼ね備えた研究を続けていっていただきたい．同じ領域
の研究を行う者として，著者の今後の研究の進展を楽しみにしている．

日本司法福祉学会規約

2000 年 11 月 5 日制定施行
2002 年 8 月　第 17 条（入会金及び会費）改訂
2006 年 8 月　第 1 条（名称）改訂
2014 年 8 月第 17 条（入会金及び会費）改訂
2017 年 9 月　第 8 条（退会）改訂
第 10 条（名誉会員）改訂
第 14 条（役員の任務）改訂
第 15 条（理事会）新設
第 18 条（入会金及び会費）改訂
2020 年 11 月　第 13 条（任期）改訂

第 1 章　総則

第 1 条（名称）

本会は日本司法福祉学会（Japanese Society of Law and Forensic Social Services）と称する.

第 2 条（事務局）

本会の事務局は理事会の定めるところに置く.

第 2 章　目的および事業

第 3 条（目的）

本会は，司法における規範的並びに実体的問題解決の福祉的側面に着目し，問題の適正で妥当な解決を実現することを目指して，これに関連する分野の学術的研究や実務に携わる者が共同して研究を推進し，もって社会に貢献することを目的とする.

第 4 条（事業）

本会は前条の目的を達成するため，次の事業を行う.

1　研究大会，講演会などの開催
2　学会誌の刊行，その他研究交流に必要な情報の提供
3　内外の関連学術団体・研究者・実務家との連絡及び協力
4　その他本会の目的を達成するために必要な事業

第3章　会員

第5条（会員の資格）

会員は，第3条に示された目的に賛同し，そこの示された分野にかかわる学識・経験を有する者とする．なお本会の趣旨に賛同する個人・団体を賛助会員とすることができる．

第6条（入会）

会員になろうとする者は，会員1名の推薦を得て，理事会に申し込み，その承認を得なければならない．

第7条（会費）

会員は総会の定めるところにより，会費を納入しなければならない．

第8条（退会）

1　退会しようとする者は，退会届を理事会に提出しなければならない．

2　会費を2年以上滞納した者は，理事会において，本会を退会したものとみなす．

第9条（除名）

本学会に損害を与え，または本学会の名誉を著しく傷つけた者は，理事会の発議により，総会において，除名することができる．除名の対象とされた会員は，総会において決議に先立って弁明する機会を与えられる．

第10条（名誉会員）

1　原則として70歳以上の会員で，次の各号のいずれかに該当する者を，名誉会員とすることができる．

(1) 会長を務めた会員

(2) 理事又は監事を通算9年以上又は通算3期以上務めた会員

(3) その他前号(1)又は(2)に準ずる役員を務め，本会の発展に多大な貢献のあった会員

2　名誉会員は，理事会によって推薦され，総会の議決をもって承認された者とする．

3　名誉会員は，会費及び全国大会参加費の納入を要しない．また，本会の発行する刊行物の配布を受けることができる．

4　名誉会員は，理事又は監事の選挙における被選挙権を有しない．

第4章　機関

第11条（役員）

本会に次の役員を置く.

1　理事　若干名（うち1名を会長，1名を事務局長とする）

2　監事　2名

第12条（選任）

理事及び監事は会員の中からこれを選任する. 選任の方法については，別にこれを定める.

第13条（任期）

1　役員の任期は3年とする. 役員に欠員が生じたときは，その後任者を新たに選任する. その場合の後任者の任期は前任者の残任期とする.

2　役員の再任を妨げないが，連続して2期までとする. ただし，役員の任期終了から3年を経過すれば，再度の役員就任は可能とする.

第14条（役員の任務）

1　会長は本学会を代表する. 会長に事故があるときは，会長があらかじめ指名した他の理事が職務を代行する.

2　事務局長は会務の執行及び理事会の運営に関する事務を掌理する.

3　理事は理事会を組織し，会務を執行する.

4　監事は会計及び会務執行の状況を監査するとともに，理事会に出席し，必要があると認めたときに理事の職務執行等に関して意見を述べることができる.

第15条（理事会）

1　理事会は，会長が招集し，理事現在数の過半数以上の出席をもって成立する.

2　理事会の議事は，議決に加わることのできる理事の過半数をもって決する.

3　理事が，会務の執行に関する事項について提案した場合において，その提案について，議決に加わることのできる理事の全員が書面又は電磁的記録により同意の意思表示をしたときは，その提案を可決する旨の理事会の議決があったものとみなす. ただし，監事が異議を述べたときは，この限りでない.

4　理事会は，その決議をもって，必要な委員を委嘱し，会務の補助をさせることができる.

5　理事会の議事については，議事録を作成し，会長及び監事は，これに署名押印する.

第16条 (総会)

　会長は，毎年1回会員による通常総会を招集しなければならない．会長が必要と認めるとき，または会員の3分の1以上の請求があるときは，臨時総会を開く．総会の決議は，出席会員の過半数による．

第5章　会計

第17条 (会計年度)

　本会の会計年度は，毎年4月1日から翌年3月31日までとする．

第18条 (入会金及び会費)

　1　入会金は1000円とする．

　2　会費は年額7000円とする．ただし大学院生を含む学生会員はこれを2000円とする．

第19条 (予算・決算)

　本会の予算及び決算は，理事会の議決を経て，総会の承認を得てこれを決定する．

第6章　規約の変更等

第20条 (規約変更)

　本規約を変更し，または本学会を解散するには，会員の3分の1以上または理事の過半数の提案により，総会出席者の3分の2以上の同意を得なければならない．

［付則］

　1　本規約は「日本司法福祉学会」設立の日（2000年11月5日）から施行する．

　2　「日本司法福祉学会」設立準備会加入者は，前項の日より同学会会員になったものとする．

　3　本会の設立当初の理事及び監事は，第一回総会で選任する．会長は必要な場合，別に理事1名ないし2名を委嘱することができる．これら役員の任期は，第13条にかかわらず2004年3月31日までとする．

　4　本会の設立年度は，会計年度を設立の日から翌年3月31日までとする．

　5　第18条にもかかわらず，設立年度の入会者は入会金を必要としないものとする．

［付則］

　本規約は2020年11月1日から改正施行する。

日本司法福祉学会 研究倫理指針

第1　総則

（目的）

　日本司法福祉学会は，会員の研究における自己規律と倫理的なあり方を示すために，本指針を定める．

（遵守義務）

1. 会員は，研究過程および結果の公表にあたって，すべての人の基本的人権と尊厳に対して敬意を払わなければならない．
2. 会員は，研究協力者に対して，個人のプライバシー，秘密の保持，自己決定および自立性を尊重しなければならない．
3. 会員は，先行研究を探索し，自己の研究・実践の向上に努めると同時に，自らの研究・実践活動の社会的貢献を意識しなければならない．

第2　指針内容

（1）裁判事例等の発表及び公表

1. 裁判事例等の発表および公表にあたっては，事例に関わる対象者（当事者）の了解を取ることを原則とし，対象者（当事者）を特定できないように匿名化して表記しなければならない．
2. 学会は，大会および研究集会において裁判事例等の発表を行う場合，学会員以外の参加を原則として認めない．
3. 会員は，裁判事例等の発表のために提供された資料の取り扱いについて，発表者の指示に従わなければならない．

（2）研究誌への投稿論文

1. 論文の投稿は，二重（多重）に行ってはならない．
2. 論文の投稿は，根拠に基づき，虚偽や誇張，歪曲のないようにしなければならない．
3. 投稿された論文の査読を行う場合は，査読の匿名性が保持されなければならない．
4. 査読は，発刊された論文の評価を含むものであるから，公正・客観的に批評しなければならない．また，査読に対して，著者から要求があった場合には，その反論が許

されなければならない.

5. 書評についても，上記と同様である.

（3）研究費

1. 外部資金（研究費）を導入して研究を行う場合には，その会計を明瞭にしなければならない．研究目的に合致した予算，予算に合致した使用，支出に関する領収書などの証拠書類の整理保存を厳密に行い，その使用が不正なものであってはならない．

2. 研究費の供与機関および導入機関の定める執行規程を遵守しなければならない．

（4）差別的あるいは不適切とされる用語

1. 研究業績を著書・論文・口頭等で発表する場合に，差別的あるいは不適切と考えられる用語を使用してはならない．ただし，引用文中の語については，この限りではないが，その旨を明示しなければならない．

2. 会員は，差別的あるいは不適切と考えられる用語であるかどうかに関して理解を深めなければならない．

（5）アカデミック・ハラスメント

1. 大学内・研究所内あるいは共同研究組織において，上位の権限・権威・権力を持つ者がそれを行使して，下位の者に対して，研究・教育・資格付与・昇進・配分等において不当な差別を行ったり，不利益を与えたりしてはならない．

2. 会員は，対象を特定し，もしくは特定せずに，不当な中傷を行ってはならない．

［付則］

1. この指針は，2008年8月2日より施行する．

「司法福祉学研究」編集規程・投稿規程・執筆要領

[編集規程]

1. 本誌は，日本司法福祉学会の研究誌であり，原則として毎年1回発行する．
2. 本誌は，会員の研究論文（自由研究），事例研究，実践報告，学会での報告，その他会員の研究活動に関する記事等（以下，原稿という）を掲載する．
3. 掲載の原稿は，編集委員会の依頼するものと投稿によるものを併せて掲載する．なお，原稿は，会員以外の者に執筆依頼することがある．
4. 投稿は，所定の投稿規程に従うものとする．
5. 研究論文（自由研究），事例研究，実践報告は複数の査読委員による査読を行う．査読の手続きは別に定める．
6. 原稿の依頼および掲載は，編集委員会の議を経て決定する．査読の手続きを経た原稿については，査読結果に拠る．
7. 編集委員会は，掲載予定原稿について，執筆者と協議のうえ，内容の変更を求めることができる．査読の手続きを経た原稿については，変更の要請について査読委員の意見を尊重する．
8. 掲載原稿は，原則として返還しない．

[投稿規程]

1. 投稿資格者は会員に限る．
2. 原稿は未発表のものとする．ただし，学会および研究会発表用として作成した印刷物はこのかぎりでない．
3. 執筆に当たっては，当学会の研究倫理指針を遵守しなければならない．
4. 原稿に，投稿種別（研究論文・事例研究・実践報告），原稿タイトル，英文タイトル，氏名，所属，職名を明記した表紙をつけて提出する．
5. 原稿は，原則として，16,000字以内とする．
6. 投稿は，電子メールの添付ファイルで提出する．それができない場合は，編集委員会に申し出て，その指示に従う．
7. 投稿募集に関する情報は，学会ニュースに適宜掲載する．
8. 編集規定7により，掲載にあたって原稿の内容の変更を求めることがある．

［執筆要領］

1. 表紙に投稿種別（研究論文・事例研究・実践報告），原稿タイトル（英文タイトルを併記），氏名，所属（職名）を明記する．原稿には，氏名，所属（職名）を記載しない（投稿種別，日本語及び英文タイトルは記載すること）．文中，筆者自身の引用・参考文献の紹介に「拙著」という表現を使わない．
2. 原稿は横書きで，1行40字，1ページ行数30行とする．
3. 文体は「である」調とする．
4. 小見出しの表示は，1，(1)，①とし，それ以上の細目が必要なときには，ア　イウエ，ａｂｃを使用する．
5. 年号は西暦を基本とし，元号が必要な場合には，2010（平成22）年の例に従う．
6. 写真，図版，表などは，ワードなどの文字テキストデータ上に画像状態で貼り込むことはせずに，必ず別添で元データをつける．
7. 注については，ワードなどの脚注機能は使用しない．本文中の注番号は「上付き片かっこ」とする．注の文章は，論文末に記載する．
8. ルビについては，ワードなどのルビ機能は使用しない．「蜻蛉（とんぼ）」のように本文中に単純に入れる．
9. 本文中の引用文献は，（山口 1988：25）の例に従い，論文末（注の後）に引用・参考文献として掲載する．
10. 引用・参考文献は引用と参考を分けずに記載し，その記載方式は次のとおりとする．
    (1) 邦文の場合
    　①単著の場合
    　　　著者名（出版年）『書名（タイトル−サブタイトル)』出版社名
    　②共著の場合
    　　　文献上の著者順（出版年）『(書名（タイトル−サブタイトル)』出版社名
    　③編書論文の場合
    　　　論文著者名（出版年）「論文名」編集名『書名』出版社名，論文初頁−終頁
    　④雑誌論文の場合
    　　　論文著者名（出版年）「論文名」『掲載雑誌・紀要名』巻（号），論文初頁−終頁
    　⑤調査報告書の場合
    　　　研究代表者名（刊行年）『タイトル』○○年度・・・・・報告書，研究機関名
    (2) 欧文の場合
    　　　著者のファミリーネーム・ファーストネーム・ミドルネーム（出版年）タイトル：サブタイトル，出版社名
11. 図表は本文とは別にして，1頁1図表とする．
12. その他は，編集委員の指示に従う．

投稿原稿の受領から掲載までのフローチャート

『司法福祉学研究』編集委員会

1．投稿原稿を受領 ➡ 投稿者へ受領通知

2．査読者を選定（投稿論文1本につき2人）（査読者リストの作成）

3．査読を依頼（発送文書：査読依頼文書、査読報告書①及び②）
　　　　　　　（査読辞退がある場合は代替査読者を選定し、依頼）

4．査読結果の受領

> 査読結果　A：無修正で掲載可
> 　　　　　B：修正後に掲載可
> 　　　　　C：修正後に再査読
> 　　　　　D：不採用

5．編集委員会で集約および検討（査読者の審査結果をもとに編集委員会で検討する）

> ・Aの場合、採用
> ・Bの場合、投稿者へ修正通知→修正原稿受領→編集委員会で点検→採用
> ・Cの場合、投稿者へ修正通知→修正原稿受領→再査読依頼→編集委員会で点検→
> 　採用又は不採用
> ・Dの場合、不採用

6．採用（編集委員会で検討）

7．受理（投稿者へ受理通知）

8．掲載

> （参考）
> 　A+A　：採用
> 　A+B、B+B　：修正後掲載可
> 　A+C、B+C、C+C　：修正後再査読
> 　D+D　：不採用
> 　A+D、B+D、C+D　：第三査読者1名選定→査読依頼

（日本社会福祉学会機関誌『社会福祉学』投稿受領から掲載までのフローチャートをもとに作成し、
日本司法福祉学会2011年度総会で承認を得たものである）

[編集後記]

　司法福祉学研究第21号をお届けします．本号には，巻頭言，自由研究(論文)6本，2021年オンライン研究集会記事及び書評2本を掲載しました．巻頭言は佐々木光明会員に，書評は宍倉悠太会員，湯原悦子会員に，それぞれご寄稿いただきました．御礼申し上げます．

　ところで，新型コロナウイルス感染症によって昨年度の大会が中止となり，e-ポスター形式のオンライン研究集会が本年2月に初めて開催されました．その関係で，本号は，投稿論文の締切が4月末まで延期され，刊行も例年より遅いお届けとなりました．

　自由研究（論文）では，オンライン研究集会での報告も含め，意欲的な論考を掲載することができました．このほか，次号に向けて改稿をお願いし，本号の掲載に至らなかった論考もありました．

　最後に，今期編集委員会の担当は本号で終了となります．編集委員・査読委員のみなさまのご尽力に深く感謝を申し上げます．

編集委員長　村田輝夫

司法福祉学研究 21

発行日　2021 年 12 月 25 日

編　者　日本司法福祉学会

発行者　日本司法福祉学会
　　　　（本部事務局）〒 284-0005　千葉県四街道市四街道 1-7-9 中島ビル 3 階
　　　　よつかいどう法律事務所
　　　　弁護士　松田和哲
　　　　（委託事務局）〒 162-0801　東京都新宿区山吹町 358-5　アカデミーセンター
　　　　Tel：03-6824-9376　Fax：03-5227-8631
　　　　E-mail：jslfss-post@kokusaibunken.jp

発　売　株式会社生活書院
　　　　〒 160-0008　東京都新宿区四谷三栄町 6-5　木原ビル 303
　　　　Tel：03-3226-1203　Fax：03-3226-1204